丛书编委会

总　策　划：来新国　王文成

编委会主任：郭齐勇　周晓亮

编　　　委：来新国　陈知涯　张　彧　尹格韬　沈　众

王文成　孟淑贤　周长志　罗养毅　秦　丹

乌　琛

柏格森

朱斌 著

大家精要

Bergson

陕西师范大学出版总社

图书代号 SK17N0208

图书在版编目（CIP）数据

柏格森／朱斌著. —西安：陕西师范大学出版总社
有限公司，2017.7（2024.1重印）
（大家精要）
ISBN 978-7-5613-9115-0

Ⅰ.①柏… Ⅱ.①朱… Ⅲ.①柏格森（Bergson, Henri
1859—1941）—哲学思想—思想评论 Ⅳ.①B565.51

中国版本图书馆CIP数据核字（2017）第102312号

柏格森　BOGESEN

朱　斌　著

责任编辑	陈柳冬雪	
责任校对	郑若萍	
封面设计	张潇伊	
出版发行	陕西师范大学出版总社	
	（西安市长安南路199号　邮编 710062）	
网　　址	http://www.snupg.com	
印　　制	永清县晔盛亚胶印有限公司	
开　　本	650 mm×930 mm　1/16	
印　　张	10	
字　　数	100千	
版　　次	2017年7月第1版	
印　　次	2024年1月第2次印刷	
书　　号	ISBN 978-7-5613-9115-0	
定　　价	45.00元	

读者购书、书店添货或发现印刷装订问题，请与本公司销售部联系、调换。

电话：（029）85303879　　　传真：（029）85307864　85303629

目　录

序 言

　　19 世纪中叶的法兰西，诞生了一位哲学大师。他与叔本华、尼采一样，高举非理性主义大旗，对西方自古希腊以来在思想文化领域长期占据统治地位的理性主义予以毫不留情的颠覆和鞭笞。他与爱因斯坦、弗洛伊德一样，天资聪颖，极富创见，开辟了前无古人的新研究领域，他们都是引领 20 世纪世界思潮的杰出犹太人。他与奥伊肯、萨特、罗素一样，既有着丰富深邃的哲学思想，在西方哲学史上留下了浓墨重彩的一笔，又善于辞藻华丽的语言表达，荣膺诺贝尔文学奖。他活着的时候声名显赫，哲学思想远播世界，在中国也曾一度受到热切追捧，而他死后却迅速被人们遗忘，甚至连名字都让后人感觉陌生。他就是 20 世纪法国最具影响力的哲学家、生命哲学的代表人物亨利·柏格森（Henri Bergson）。诚如法国当代知名哲学家贝尔纳·亨利·列维在其著作《萨特的世纪：哲学研究》中所评价的那样："20 是柏格森的世纪。就像在文学上是纪德的世纪一样，在哲学上是柏格森的世纪。尽管看起来很奇怪，尽管人们很难想象，但柏格森对于整整一个时代的思想、文学和政治历史来说，都是一道不可逾越的地平线。"

柏格森生活在19、20世纪之交，适逢西方社会发生深刻变革。西方大部分国家在完成资产阶级革命之后，资本主义制度得到了确立和发展。我们知道，资本的本性就是最大限度攫取剩余价值，在社会关系上必然导致贫富两极分化：一方面，社会财富日益集中到少数资产者手中；另一方面，贫穷落后日益集中在多数无产者身上。广大雇佣劳动者、失业者在死亡线边缘苦苦挣扎，阶级矛盾空前尖锐，阶级斗争异常激烈。随着西方主要资本主义国家向帝国主义阶段过渡，资本主义制度固有的弊端充分凸显。为了在世界范围内争夺资源和市场，帝国主义列强之间的矛盾日益加剧，接连爆发了两次世界大战。战争的残酷史无前例，夺去了数千万人的生命，参战各国几乎陷入混乱不堪甚至满目疮痍的境地。面对这种残败景象，柏格森开始从哲学上思考导致人类社会陷入苦难的根源，并努力寻求解脱之道。显然，将希望寄托于理性和科学是不现实的，生产力的发展、物质文明的进步并没有带来人类生存境遇的改善，人们在精神领域始终空虚匮乏，总是感到心无所依。在柏格森看来，这应当归咎于旧形而上学所固有的缺陷，因为理性根本无法把握生命的本质，必须建立科学的形而上学，使人们能够真正认识生命、认识时间、认识世界。

柏格森的著述语言简洁，文体优美，极富感染力，与此前哲学界普遍采用的抽象表述方式大相径庭，但是他的哲学思想艰深难懂，字里行间充满着神秘主义色彩，要想真正领会其思想真谛绝非易事。在此我们先对柏格森的主要理论观点作提纲挈领式的概述，以使读者能够初步把握其基本思想轮廓，为深入学习研究奠定基础。

在柏格森极具原创性的思想体系中，有几个关键词非常重要，可以说，这几个词凝练概括了柏格森的独到见解。它们分别是："生命之流"（或"生命冲动"）、"绵延"和"直觉"。柏格森认为，宇宙的本质不是物质，而是精神，是一条精神的"河流"。它连绵不绝，奔腾不息，永无止境，流向不确定的方向。生命之流是一切事物产生、发展直至消亡的根源，它不断冲动变化，生成纷繁复杂的宇宙万物。深化对生命之流的理解，还必须搞清楚另一个重要概念"绵延"，这涉及柏格森对时间的见解。生命的本质就是时间之流，正是由于时间的持续性才保证了生命的存在。柏格森将时间分为两种：科学的时间和真正的时间。科学的时间是人们为了生活的便利所作出的设定，可以用时间单位加以度量。这种时间由彼此分割的各个瞬间连接起来，类似于空间中彼此独立的事物，因而与空间概念紧密关联。在柏格森看来，科学的时间并非真正的时间。真正的时间是绵延，是形而上学的研究对象。绵延是质的连续不断地变化过程，每个瞬间都是异质的，相互渗透，不可分割。过去蕴含在现在之中，现在裹挟过去流向将来，就好比在雪地里不停地滚雪球一般。绵延不可度量，与空间毫无关系。科学之所以无法把握真正的时间，原因就在于使用空间中的符号来计量时间，用空间理解时间，用广延代替绵延，用量计算质。与两种时间的区分相对应，柏格森对自我的理解也从两个层面来剖析，一种是空间中的自我，另一种则是真正时间中的自我。前者是人们在关注外部世界的过程中产生的感觉、观念、经验等表层意识，能够用语言表达出来，是心理学的研究对象；后者则是通过内心体验到的深层自我状态，只能意会不可言说，运用经验的方法无法把握。真正的自我也即绵延，与生命之流是同一的，二者融合、贯通。在生命之流和绵延的理论基础上，柏格森进而阐发了他的创造进化论思想。我们知道，生物进化论的奠基人达尔文主张物竞天择、适者生存，用外部环境的要求来解释生物的进化，新物种的出现是生物为了适应环境产生变异逐渐形成的，这种观点在当时社会上产生了广泛而深远的影响。柏格森对此却并不赞同，他认为这种进化思想没能反映进化过程中质的飞跃，只是将新物种的产生简单归因于旧有东西的相加累积。柏格森提出宇宙万物进化发展，其根本动力绝非外在的物质因素，而是内在的生命冲动。进化是永不停息的崭新创造，这个过程没有预设的目标，每一瞬间都在更新飞跃。那么，生命冲动究竟是如何产生宇宙万物的呢？生命冲动有两条路线：向上喷发形成生命，向下坠落产生物质。生命与物质相互对立，彼此牵制，两者的交汇就形成生物，不同生物种类的本质区别在于生命冲动的强度差异。生命冲动有三种趋向，即麻木、本能与理智，它们与物质结合分别产生植物、动物和人。应当说，柏格森所讲的生命冲动非常玄奥，我们该如何认识和把握呢？柏格森认为，理智总是与功利性、空间性联系在一起，只能认识物质世界，无法把握生命的本质。只有通过直觉，依靠自我的内心体验，置身于对象内部，感知对象心灵的脉动，才能达到与生命之流的完全交融。

柏格森的生命哲学倡导直觉，贬低理性，将理性从人类认识的至高宝座上拉了下来，引发了认识论领域的深刻反思，对其后各种非理性主义思潮的兴起产生了深远影响。此外，柏格森对时间、意识、心理的全新见解开辟了欧洲现代文学艺术的新天地，作家普鲁斯特、戏剧家克洛岱尔、画家莫奈、音乐家德彪西等人深受柏格森思想启发，他们的作品中不同程度地留存着生命哲学的印记。然而，不可否认的是，柏格森思想中唯心主义、神秘主义色彩非常浓厚，他过分抬高直觉的地位，漠视理性的价值，将直觉与理性完全对立，这种观点是片面的。

本书主要分为三大部分：第一部分（第一章至第五章）以时间为序，集中介绍柏格森的生活经历；第二部分（第六章至第八章）以著述为本，向读者呈现柏格森的思想轨迹；第三部分（第九章），简要叙述柏格森哲学思想的东渐。现在，让我们走近柏格森，一起感知那奔腾不息的生命之流，共同领略一代哲学大师的高深智慧和非凡成就。

第 1 章

早年生活

犹太家世

1859 年 10 月 18 日，亨利·柏格森出生在法国巴黎。对于哲学界而言，这是不平凡的一年，实用主义先驱杜威和现象学创始人胡塞尔这两位哲学泰斗也于同年诞生了。这一年还发生了一个大事件，英国博物学家达尔文于 11 月 24 日出版了震动世界的《物种起源》。他在深入分析自己五十七个月环球航行所掌握的大量丰富资料的基础上，提出了生物进化论的思想。这对长期以来盛行的物种不变论和各种神灵创世说造成了致命的打击，"物竞天择，适者生存"的自然法则也成为人们耳熟能详的理论观点。一时间，《圣经》中记载的创世故事变成虚构，生物原来是进化而来的，人类的祖先也不是在伊甸园中偷尝禁果的亚当和夏娃，而是猿猴。达尔文的生物进化论思想对后世产生的影响难以估量，同时也为其后思想文化的衍生发展提供了重要的理论基础。柏格森的创造进化论就是对达尔文生物进化论的反拨与超越。这里，我们还是先来看看柏格森的家世。柏格森的双亲都是犹太人，柏格森可谓具有百分之百的犹太血统。他的父亲米切尔·柏格森是波兰犹太富商柏里克（Berek）家族的后裔，柏格森这个姓便是渊源于此。柏格森自小就受到音乐的熏陶，著名的巴黎歌剧院离他家很近，歌唱家们悦耳动听的歌声清晰可闻，如在耳畔。父亲是一位很有天分的音乐家，擅长弹奏钢琴和作曲，柏格森幼年时期家中时常飘荡着美妙流畅的旋律。父亲不仅才华横溢，具有很高的音乐素养，更是一个谦逊严谨、品行端正、道德高尚的人。柏格森的母亲凯特·刘易逊出身于英格兰北部的一个犹太家庭，是一位典型的贤妻良母。她的性格温柔体贴，言行举止非常得体，常年在家中相夫教子。母亲是一个虔诚的犹太教徒，祷告、唱赞美诗是她每天必做的功课。可以说，自儿时开始，音乐和宗教就对柏格森的思想产生着潜移默化的影响，这与他后来极力主张直觉主义乃至他到晚年皈依宗教都有着很大的关联。

谈到柏格森的犹太家世，这是个非常有意思的话题。众所周知，犹太人一直是智慧和财富的象征。他们极有生意头脑，善于积聚财富，在经商领域始终崭露头角，诸如商界精英洛克菲勒、摩根、巴菲特、索罗斯……不仅如此，在其他各个领域，犹太人都是名人辈出，大家耳熟能详的有马克思、爱因斯坦、弗洛伊德、李嘉图、斯宾诺莎、康德、黑格尔、胡塞尔、维特根斯坦、卡夫卡、海涅、卓别林……不胜枚举。在世人的眼中，犹太民族一直都是一个充满神奇的民族，在整个人类文明史上留下了浓墨重彩的印记。以致有人这样评论：三个犹太人坐在一起，就可以决定世界。不过，犹太民族的命运却充满着坎坷，甚至可以说是一部血泪史。犹太民族原初居住于阿拉伯半岛，被称作希伯来人，意为"游牧的人"。犹太民族在巴勒斯坦曾经建立过统一王国，但随后不久就陷入分裂。自中世纪"排犹"浪潮掀起之后，一直到第二次世界大战德国法西斯在集中营屠杀了六百万犹太人，这期间犹太民族充斥着被压迫、被奴役，存留了太多的苦难回忆。尽管在漫长的岁月里承受着巨大的灾难，但犹太人对世界历史的影响却从未被人们轻视。特别是无产阶级思想家马克思，他于1848年2月发表的《共产党宣言》敲响了资本主义制度的丧钟，科学社会主义学说的创立对整个人类历史的发展产生了深远影响。当然，在20世纪的法国，柏格森当之无愧是最有影响力的犹太哲学家。柏格森本人也从来都以自己是犹太人为荣，即便是在二战期间，他也从未隐藏自己的犹太人身份，拒绝接受政府给予的特别豁免。

"哲学家大道"

柏格森的父母一共生育七个孩子，其中四个男孩和三个女孩，柏格森是长子。由于兄弟姐妹较多，柏格森家里的生活条件并不宽裕，反倒是常常为了生计流离辗转。就在柏格森出生后不久，他们一家人就搬到了英国伦敦。由于受母亲影响，柏格森从小英语就很棒。柏格森4岁的时候，父亲去日内瓦音乐学院任教，全家又迁居瑞士。说来也巧，他们当时在日内瓦居住时，正好住在一条名为"哲学家大道"的街道上。或许住在这里只是离父亲的工作单位较近，或许冥冥之中就有着某种预示，这个孩子与哲学有着不解之缘，日后会成为名噪一时的大哲学家。不过，困窘的现实生活并未在这里得到改观，由于家中只有父亲在外工作挣钱，而当时讲授音乐课所得的收入又十分微薄，只能勉强供一大家人维持温饱生活。这种入不敷出的艰难状况延续了三年，但这段生活经历在柏格森的脑海中留下了深刻的印象。因为，瑞士是非常美丽的国度，风景如画，多姿多彩，在这里自然与人文完美融合。柏格森7岁的时候，一家人又回到了法国巴黎。回来之后，柏格森开始进入学校学习。至此，柏格森的整个童年就在这几个欧洲国家辗转度过，无疑，这个时期的生活经历对于柏格森开阔视野、开启哲思是大有裨益的。

1868年10月，在柏格森9岁的时候，他的才华开始展露出来，由于出类拔萃，成绩优异，他获得了波拿巴皇家中学（后改名孔多塞中学）的奖学金，从此便不在家中居住，来到学校过上了寄宿生活。这样，柏格森就可以在校安心学业了，当然对他的独立生活能力也是一种非常重要的锻炼。寄宿的日子很快过去了两年，他的父母又作出了一个重要决定，全家再度搬到英国伦敦。不过这次不同的是，11岁的柏格森并没有随行，而是一个人留在巴黎继续读书。

就在这一年，战争的阴云笼罩在莱茵河上空，不久普法战争就爆发了，这是普鲁士和法兰西第二帝国为了争夺欧洲霸权而进行的一场非正义的战争。当时统治法兰西第二帝国的是拿破仑三世，他于1852年宣布建立帝国，依靠军事独裁维持专制统治。然而，日渐式微的君主制无法阻挡历史前进的滚滚车轮。法国从19世纪60年代完成工业革命后，资本主义蓬勃兴起，工人阶级也随之发展壮大。法国的国内矛盾开始凸显并逐渐尖锐起来，不仅工人阶级的政治觉悟日益提高，就连资产阶级也对拿破仑三世表示了强烈的不满，他们要求废除现行帝制，建立共和政体，维护和发展资本主义。拿破仑三世为了继续维持其反动统治，转移国内民众斗争视线，开始积极策划对外战争。拿破仑三世之所以选择普鲁士是不想坐视一个强大的德国在身边诞生，而且击垮普鲁士还能够控制莱茵河左岸地区，进而巩固法国在欧洲的霸主地位。当然，一个巴掌拍不响。我们接着把视线转向普鲁士。19世纪60年代中期，在普鲁士当政的是首相俾斯麦，他大力推行"铁血政策"，积极谋求建立一个统一强大的德国。1864年普鲁士发动了对丹麦的战争，1866年发动了对奥地利的战争，这两场战争使普鲁士实力大增，并建立了北德意志联邦。但南德意志的四个邦国，巴伐利亚、巴登、符登堡和黑森还受制于法国，实现全德统一仍须努力，而法国正是妨碍德意志统一的最大障碍。不仅如此，普鲁士对法国矿产资源丰富的阿尔萨斯和洛林觊觎已久，恨不得早日据为已有。这样，双方都有战争的意图并在积极备战。1868年，法国支持的西班牙王室被推翻，法国与普鲁士在西班牙王位继承问题上发生了争执。1870年7月19日，拿破仑三世以此为由正式向普鲁士宣战，普法战争爆发。

这场战争引起了无产阶级革命家马克思和国际工人协会（第一国际）总委员会的高度关注。马克思站在德、法两国工人阶级的立场上，科学揭示了普法战争的根源和性质，精辟分析了形势的发展变化，深刻阐明了两国工人阶级在各个阶段的任务和策略。7月23日，马克思起草了《国际工人协会总委员会关于普法战争的第一篇宣言》。文中，马克思首先援引前一天《马赛曲报》上刊载的一段文字以表明自己的立场："这次战争是正义的吗？不！这次战争是民族的吗？不！这完全是王朝的战争。为了人道，为了民主，为了法国的真正利益，我们完全并坚决赞同国际对战争的抗议。"战争伊始，法国是侵略者，对于德国来说则是防御性的。但是，"如果德国工人阶级容许目前这场战争失去纯粹防御性质而变为反对法国人民的战争，那么无论胜利或失败，都同样要产生灾难性的后果。德国在它的所谓解放战争之后所遭到的那一切不幸，又将更残酷地压到它的头上"。对于法兰西第二帝国来说，"不管路易·波拿巴同普鲁士的战争的结局如何，第二帝国的丧钟已经在巴黎敲响了。第二帝国的结局也会像它的开端一样，不过是一场可怜的模仿剧"。

战争爆发后，法国军队不堪一击，迅速溃败。8月底，包括拿破仑三世本人在内的十多万法军被普军包围在色当要塞。9月1日，普军集中兵力发动总攻，当天就结束了战斗，可谓大获全胜，俘获拿破仑三世及法军将士八万余人。接着，普军继续深入法国领土，直逼首都巴黎。9月4日，色当战败的消息传入巴黎，巴黎人民举行起义，推翻了第二帝国在法国的统治，建立了法兰西第三共和国。针对战争局势的急遽变化，马克思负责起草了《国际工人协会总委员会关于普法战争的第二篇宣言》，马克思在文中强烈谴责了德国的侵略行为，严正批判了德国企图吞并阿尔萨斯和洛林的罪恶念头。他深刻指出，德国的统治者为了掩盖其侵略罪行，还不知廉耻地说什么"战争事变的进程使我不免要越过法国的国界"、侵占法国领土是防止法国侵略的"物质保证"等，只不过是些欺瞒民众、混淆视听的伎俩罢了。1871 年 1 月 28 日，法国资产阶级组建的"国防政府"与普鲁士签订了停战协议。2 月 26 日，以梯也尔为首脑的反动政府与普鲁士签署丧权辱国的不平等条约，向普鲁士割地赔款。3 月 18 日，以蒙马特尔高地事件为导火索，巴黎人民举行武装起义，国民自卫军中央委员会随之接管了巴黎的政权。3 月 28 日成立了巴黎公社，从公社委员的构成来看，大多数是工人，公社是工人阶级的政府。但是，在国内外反动势力的血腥镇压下，巴黎公社仅存在七十二天就失败了。

尽管柏格森一直在校内生活，但近在咫尺发生的这个重大历史事件却在他的心中引发了深深的反思。为什么会爆发这场战争？其内在的根源是什么？究竟孰是孰非？或许那个年纪的柏格森尚未形成自己成熟的看法，但这些问题却始终在他的心头萦绕，驱动他在今后的岁月里思考和探索。

"本校最优秀的学生"

时间的流逝从未停止，从 1868 年到 1877 年，十年的在校时光如白驹过隙，不知不觉就过去了。在此期间，柏格森完成了小学和中学的学业。长期的独立生活不仅使柏格森具有了很强的自理能力，更培养了他独立思考、勤于追问的优秀品质，与同龄人相比，柏格森显得成熟了许多。从小学开始，柏格森学习过的每门课程，从自然科学到人文科学、社会科学，无论是数学还是语言，不管是地理或是历史，他都名列前茅，出类拔萃，柏格森的全优成绩赢得了各科老师的一致赞许。1875年，在法国全国中学生竞赛中，柏格森获拉丁文演讲第一名，英语第一名，地理和宇宙志第二名，希腊语的笔译也得了奖。次年，柏格森在全国中学生分科竞赛哲学科考试中，获得法语作文第一名，数学第一名。1877年，他又在全国竞赛中获得基础数学、宇宙志和力学三科的第一名。对于一个中学生而言，取得这么多的出色成绩已经是难能可贵了，绝大多数同龄人都难以企及。不过，在1877年柏格森还有更加杰出的表现，这次他造成了轰动巴黎乃至全国的巨大影响。这一年他在数学班学习，有一天碰巧看到报纸上征集一道数学题的答案，据说这道题目难度相当大，许多数学家为此绞尽脑汁也难以求解。柏格森对这道题很感兴趣，他决定试一试。经过一番艰苦的思索和计算，柏格森神奇地解出了这道题，而且他所用的解题方法极具创见。为此，他获得了一笔数量可观的奖金。柏格森还就此专门撰写了一篇数学论文，这篇论文被当时数学界最高层次的刊物《数学年报》全文刊发。这下可了不得！对于一个中学生来说，这可是一件史无前例的事情。在整个巴黎甚至更大范围内，柏格森的名字被迅速传开，这个天才少年的知名度急速攀升，可谓是家喻户晓，尽人皆知。当时，很多人都认为，在数学领域即将有一颗新星冉冉升起，柏格森一定会在数学史上占据一席之地。不过，柏格森本人并没有因为取得这样的成绩而骄傲自大，他始终谦逊待人，彬彬有礼。

尽管柏格森广泛涉猎多门学科，在诸多领域也都取得了不俗的成绩，但最令他着迷的还是哲学。应当讲，中学生对理解艰深晦涩的哲学存在着很大困难，更不用说产生浓厚的学习兴趣了。据说当时孔多塞中学有一位哲学老师水平很高,他讲课深入浅出,形象生动,能够用简明易懂的语言把抽象玄奥的哲学观点说得清楚明白,极大激发了学生们的学习兴趣。其中,最用心的还是柏格森,他在听哲学课时从来都是一丝不苟,十分专注,整个人都沉浸在智慧的海洋里。他不仅用心去倾听、去理解,更重要的是他时常能提出自己独到的见解,令老师对他刮目相看,赞赏有加。正是这位老师给予了柏格森哲学上的启蒙,使他开始逐渐了解古希腊罗马哲学、中世纪哲学、德国古典哲学等等。不仅如此,据说柏格森还得到了当时法国几位知名哲学家的点拨,他对哲学的认识和热爱也提升到了新的高度。

柏格森中学毕业时,孔多塞中学的校长在推荐信上写到,柏格森是"本校最优秀的学生"。

第 2 章

开启哲思

就读巴黎高师

中学毕业的柏格森，面临着人生的一次重要抉择。读大学是学理科还是学文科呢？是报考巴黎高等工艺学校还是报考巴黎高等师范学校呢？事实上，这两所高校的大门都向他敞开着，这一度令他十分纠结，毕竟这关系到今后的发展方向，他不得不慎重考虑。柏格森在数学方面的天赋毋庸赘述，沿着这条路走下去必定有所成就，这一点他自己也非常清楚。但是，选择就意味着放弃，他能够放弃他所热爱的哲学吗？柏格森在内心深处反复问自己。不能！他一次又一次给出自己同样的回答。出于内心对哲学无法抗拒之爱，柏格森最终决定报考巴黎高等师范学校（以下简称巴黎高师）。这是一所久负盛名的高等学府，是法国最好的大学之一，这里曾经培养出一大批学富五车、才高八斗的知名学者，这里更是哲学家的摇篮。1878

年，柏格森如愿以偿，以并列第三的优异成绩考入巴黎高师，开始了他的大学生活。在这里，柏格森真正踏上了哲学家大道。如饥似渴的阅读和不知疲倦的思考构成了柏格森大学时代的主要内容。在巴黎高师学习期间，有几位学者对柏格森哲学思想的形成和发展影响很大。他们分别是布特鲁、斯宾塞和杜尼爱。

布特鲁当时在巴黎高师讲授哲学，刚刚 30 岁出头的他思维敏捷、观点独到、才华横溢。他的观点与当时社会上流行的各种决定论思潮迥然不同。布特鲁倡导独立思考，将内心的自由创造视为批驳决定论最锐利的武器。布特鲁认为，知识只能解释事物之间的表面联系，而存在的真正本质只能通过个体内心的启示才能获得。受到布特鲁的影响，柏格森不承认灵魂的存在，以致同学们都认为柏格森是个唯物主义者、无神论者。当时，柏格森在班级担任图书管理员，不过他负责摆放的图书总是乱糟糟的。有一次，老师实在看不下去了，在全班同学面前提出批评："这简直一塌糊涂！管理员的灵魂怎么能得到安宁呢！"同学们告诉老师，管理员柏格森本来就没有灵魂，更谈不上安宁了。应当说，布特鲁的思想对年轻的柏格森来说具有极大的启蒙作用，以致在哲学史上人们将布特鲁视为柏格森的理论先驱。我国著名的现代西方哲学研究专家刘放桐教授明确提出，柏格森的生命哲学是"师承意志主义者布特鲁，综合吸收了生物学进化论、心理学、细胞学等现代科学理论，使生命哲学作为一种有影响的非理性哲学在 20 世纪初进入全盛期"。事实上，布特鲁对柏格森的影响并不仅限于理论观点，更是一种批判精神，一种弘扬独立思考、不教条、不盲从的学术品质。当时的西欧正流行新康德主义思潮，学术界到处鼓吹复兴康德哲学。这一思潮发端于 1865 年，德国哲学家李普曼在其著作《康德及其追随者》中最先提出"回到康德那里去"的口号，标志着新康德主义正式形成。另一位代表人物朗格则生动地描述了当时的景况："正像一支溃败的军队四处寻找坚固场所，希望重新集结队伍一样，在哲学界中到处响起了'回到康德那里去'的呼声。……这位伟大的哥尼斯堡哲学家的观点从根本上说绝不能认为是陈旧了。我们完全有理由像素来人们以极严肃认真的努力去仅仅研究亚里士多德而不研究其他任何哲学家一样，去投入到康德的深刻体系中。"在当时大学的哲学讲台上，老师们言必称康德，"回到康德那里去"成为时髦和潮流。学生们也都热切追捧这个风靡一时的思潮。但是，柏格森却没有盲目接受它，反而针对其中的理论缺陷进行了猛烈的抨击。这充分表明柏格森已经具备了不畏学术权威、敢于独立探索的可贵品质。需要强调的是，尽管柏格森对布特鲁的见解和精神十分赞赏，却没有全盘接受他的理论观点。柏格森本人对斯宾塞的机械论学说也是非常欣赏的，这一点与布特鲁的思想存在很大的差异。

柏格森受斯宾塞的影响主要源于阅读他的著作。在学校里，柏格森除了潜心钻研哲学外，对数学和自然科学的研究也并未放弃，他对近代以来自然科学发展所取得的成果十分熟悉，特别是对精通自然科学的英国学者斯宾塞的著作尤为青睐。斯宾塞是英国著名的社会学家，与达尔文有着非常不错的交情，他们对彼此的理论观点也都给予了高度评价。斯宾塞将达尔文的生物进化论思想运用到社会领域，将社会的发展喻为生物从简单向复杂的进化，从而形成了他的社会进化论思想，他自己也被誉为"社会达尔文主义之父"。斯宾塞的创见在于他以机械论作为理论基础，认为"力"是变化的根源，一切事物的运动变化都是由"力"来决定和推动的。斯宾塞的机械论、进化论等观点对柏格森哲学思想的形成起到了直接来源的作用，这一点柏格森本人也是非常认同的。我们甚至可以说，斯宾塞对柏格森的影响是如此的深远，以致能与布特鲁并驾齐驱。

由于西方哲学发端于古希腊，抓紧学好希腊语、潜心钻研古希腊哲学典籍便成为柏格森非常重视的一件事。事实上，柏格森在中学期间就打下了扎实的希腊语基础，进入大学后，他更加勤勉地系统和深入学习。在这里必须要提到的是巴黎高师另一位老师杜尼爱，他精通古希腊典籍，负责讲授希腊文学，在希腊文的学习方面给予了柏格森不少的指点和帮助。杜尼爱教授对天资聪颖而又勤勉刻苦的柏格森的印象非常深刻，在众多的学生中，柏格森的表现总是可圈可点。经过艰苦的努力，柏格森对希腊语的掌握达到了令人惊叹的程度，为精读先哲著作进而深谙西方哲学创造了必要条件。

执教多所中学

柏格森在巴黎高师学习了三年，在这期间，他对哲学的热爱与日俱增，专业知识的积淀也愈加深厚。1881年，在柏格森22岁的时候，他从巴黎高师毕业，获得文科硕士学位，同时他以第二名的成绩通过教师资格考试，获"哲学合格教师"证书。按照当时法国教育制度的规定，从师范学校毕业后必须先到中学任教。于是，柏格森开始了他执教中学的经历。他先后在多所中学从事教学工作，这个过程并不短暂，一直持续到了 1896 年。

1881 年，柏格森先是来到安杰国立中学教书。第二年，转到安杰女子高级中学任教。1883 年 9 月 28 日，在校方的盛情相邀下，柏格森又转入克雷蒙·费朗高级中学执教。或许，柏格森天生就有当老师的才能。他不仅有着精深的专业素养，而且治学严谨，讲解细致，能够在课堂教学中深入浅出，旁征博引，原本枯燥乏味的理论知识总能被他诠释得生动形象，听者始终津津有味。对一个老师来说，教学与研究向来是衡量教学业绩的两个基本方面。在认真做好课堂教学的同时，柏格森对各个时期、各个流派、各个代表人物的哲学思想进行潜心钻研，在此基础上逐渐形成自己的观点。此外，他还对心理学表现出特别的兴致，努力去探寻人的心理的普遍规律。就在 1883 年，柏格森翻译了著名心理学家萨利的著作《错觉——心理学研究》，这部译著的书名为《感觉与精神的错觉》，由阿尔冈书店匿名出版。

由于在教学岗位上成绩突出，赢得了普遍赞誉，1886 年柏格森被授予教育功劳勋章。1888 年，柏格森回到了阔别已久的巴黎，先在洛林中学从事教学工作，不久又转入亨利四世国立中学。在这里，柏格森开设的课程受到了学生们甚至众多社会人士的热情追捧，据说一位旁听者曾经感慨道："柏格森所说的每一句话，都是治理世界的箴言。"在这所学校里，柏格森一直待了八年。教书之余，他抓紧点滴时间研究哲学，自己的理论见解也日益成熟，生命哲学的基本轮廓逐渐浮现出来。经过夜以继日、笔耕不辍的辛勤努力，柏格森的著述更有深度和创见了，一些专属于他本人的哲学术语也跃然纸上。他距离学术上的成就越来越近了。

展露卓越口才

　　除了倾心教学与研究工作外，柏格森还对演讲产生了浓厚的兴趣，他的演讲生涯就是从他执教的中学开始起步的。1882年8月3日，柏格森在安杰女子高级中学作了一场题为《专门论》的演讲，可谓一炮打响，迅速走红，在校园内外引起了广泛的反响。这篇演讲的主旨是强调对事物的研究要从整体上把握而不应限于局部。他分析道："我们说，知道某个高楼大厦，并不是说我们对于组成它的每一块砖石都有很详细的了解，我们认识的重点，在于掌握整个高楼大厦的建筑技术，如砖石的位置应当如何，如何排列才能使其不会倒坍等。又如，在解剖学中应用显微镜，任意取一东西加以观察，从这个细胞体到那个细胞体，都辨认得秋毫无疑。但是，如果要问：你观察的是什么东西？你必定要丢下显微镜而以肉眼来察看，才能回答说：这是丑恶的蜘蛛的脚。这是什么道理呢？用显微镜细察其本身时，是把全体分解为无数的小部分。所以，我们不先认识其全体然后才观察其部分的话，虽然对这个东西知道得十分尽，但是，仍然不可能明白其所观察的东西是什么。"他还进一步指出："人如果只是掌握某一专门的技艺，而其余的一切都没有发展，那么，他就不可能具有认识事物整体面貌的精神能力。这好比一位精美的音乐家，虽然常常能在一般的乐队中显示出才华，但是，让他一个人独奏而没有陪衬的话，他恐怕未必能获得成功。"柏格森举出的事例非常形象，阐述的道理也是清楚明了。但在当时，柏格森之所以选择这样一个题目进行演讲，是有着鲜明针对性的。自18世纪以来，在力学基础上形成的形而上学的方法一直指导着自然科学研究。当时自然科学尚处于搜集材料阶段，致力于对自然现象、事物和过程进行分门别类的研究。这种旧的哲学观顽固地统治了整个19世纪欧洲的自然科学研究领域。一批主张实证主义的哲学家过于强调分析方法，倡导将事物分解为最简单的要素加以研究，却忽视了从整体上对事物的理解和把握。

1883年2月24日，柏格森受邀来到克雷蒙·费朗大学发表演讲。他演讲的题目是《笑》，深刻阐述了他对"笑"这样一个看似简单实际相当复杂的问题的见解，引起了社会的广泛关注。当地的报纸对柏格森这次演讲进行了宣传报道，听众们也是奔走相告。的确，每个人的生活中都不乏各种各样的"笑"，但究竟人们所笑的是什么？人们为什么要笑？这其中蕴含的深刻哲理却从来没有人深入考察过。对于这个问题，后来柏格森还在自己的专著《笑》中作出了详尽阐释。1885年8月5日，在克雷蒙·费朗高级中学举行的颁奖典礼上，柏格森又以《谈礼貌》为题作了一场精彩的演讲。到了1895年，柏格森发表了题为《理智与教育》的演讲，主张以非理性主义反对传统教育。柏格森说："在我看来，在危害精神自由的最可怕的各种障碍中，应首推用语言文字预制的、并授予我们的现成概念。"传统教育的功能就是向人们灌输各种现成的概念，这种教育方式妨碍了人的精神自由，妨碍了对实在的认识。因此，"教育必须使理智脱于现成概念的樊笼之外"。

在这些演讲中，柏格森展露出令人折服的睿智和卓越不凡的口才，受到了听众的高度评价。据说当时有人这样称赞柏格森："我曾笔录他的不朽的演讲，我不知道法国以前悠久的岁月中，究竟是否有过同等价值的教授！"

第 3 章

声名显赫

时尚之都的学术奇葩

1888 年，柏格森完成了自己的第一部哲学专著《论意识的直接材料》，大约十万字。1889 年，他以这本书为主论文，另外加上用拉丁文写成的副论文《亚里士多德的场所论》，提交巴黎大学申请博士学位。这篇论文展示了柏格森严谨的哲学思想和独到的理论见解，他的申请获得通过，顺利戴上了博士帽，被授予哲学博士学位。

人们常说，事业爱情双丰收。中国人讲的"人生四喜"中就有"洞房花烛夜，金榜题名时"。对于柏格森来说，在他获得博士学位的时候，已经是而立之年，的确该考虑婚姻大事了。1891 年，柏格森与路易斯·尼比尔姬结婚了，新娘的表哥是《追忆似水年华》的作者、意识流小说的鼻祖马塞尔·普鲁斯特。一年多以后，他们生有一个女儿。孩子的出生给家庭带来了欢乐，同时也带来了为人父母的责任。柏格森一边挑起家庭重担，一边继续自己的思考和写作。不过很不幸，这个女孩患有先天性耳聋，听不见任何声音。为了让女儿今后能在这个世界上安身立命，过上与正常人一样的幸福生活，柏格森可以说是绞尽了脑汁，费尽了心思。最终他想出了一个好办法，那就是培养女儿学习绘画，这的确是一个非常适合她的职业，因为不需要有听力。经过柏格森的悉心培养，他的女儿后来成为一名非常杰出的画家。

1894年，柏格森向巴黎大学申请教席，遭到了拒绝。四年之后，1898年他再次向巴黎大学提出了申请，非常遗憾，他又未获通过。命运之神连续两次都没有眷顾他。不过，这些挫折并没有让柏格森气馁，他潜心钻研学术的热情依然高涨。

时来运转，否极泰来。就在1898年，柏格森的母校巴黎高师向他发出了邀请，聘他担任讲师，柏格森终于正式步入大学讲坛。不过，他在巴黎高师任教的时间并不长。1900年，柏格森接到了法兰西学院的教授聘书，请他去主持希腊哲学讲座。此后，柏格森一直在法兰西学院任教，总共待了二十多年。

来到法兰西学院后，开设讲座便成了柏格森的职业，这也是为他赢得显赫名声的重要平台。每周五下午五点是柏格森的讲座时间，地点设在学院第八讲堂。这个讲堂是整个法兰西学院最大的教室，可容纳两千名以上的观众，能在这里讲学也从一个侧面反映出柏格森当时的学术影响力。由于柏格森思想深邃、思维缜密、谈吐风雅、语言优美，他的讲座受到了极大的追捧，聆听这位大师讲学被看作是巴黎上流社会的一种时尚。对当时柏格森授课的情形，我国著名学者陈卫平教授在其著作

《生命的冲动——柏格森和他的哲学》中有这样一段十分精彩的描述："柏格森讲课的时间是下午五点。不过，你要是准时前往听讲的话，那肯定找不到立足之地，只好扫兴而归。往往在下午两三点钟的时候，就有人早早地赶来抢占座位。因此，在他开课之前，宽敞的教室里挤满了人，甚至窗台和甬道都被骈肩的听众们占领了。听众中间，有各种职业的人们——满腹经纶的教授、好学不倦的大学生、风度翩翩的作家、倜傥不羁的艺术家、道貌岸然的传教士、神态谨畏的政府官员、精神威武的军官。最令人感到不可思议的是那些闻名于巴黎社交界的太太小姐，也打扮得花枝招展，出现在这里。而且，那些提前两三个小时来占座位的人，绝大多数就是这些太太小姐派遣的听差。听众中间，也有各种国籍的人们——除法国人外，以俄国人为最多，其次是英国人和美国人，也有中国人和日本人，还有棕色的印度人和黑色的非洲人。可以说，世界上的各色人种差不多都有了。当时有人形容这种盛况是："除了参观巴黎埃菲尔铁塔之外，没有什么比得上的。"美国著名传记作家亨利·托马斯和达纳·李·托马斯在合著的《大哲学家生活传记》中也对柏格森的讲演作了生动形象的描述："当听众们看见他镇静地从剧场后台向前走来，坐在柔和的灯光下，手随便地翻着讲稿笔记，手指尖习惯地叉在一起的时候，整个大厅顿时安静下来。他们内心中感受到一种神秘的震颤。他不慌不忙地、庄严地、以适度的声音开始讲演。他的语音清晰悦耳。他的谈吐轻松流畅，很少使人感到矫揉造作。……他拒绝用千篇一律的模式化的措辞来表达他的思想。他发明了新的词汇以代替陈言套语。他要求听众不要一味地追随他，而要检查他的思想，并且在他们自己的头脑中'彻底地思考它们'。他说，他们如果真想要脚踏实地的话，那就应该自己努力。他宣称：'我研究的唯一目的，要把我们每个人正努力在他自身之内寻找的那些东西明确地表达出来。'"

在法兰西学院期间，柏格森的授课内容主要包括：1901年讲授"普洛提诺的《恩耐亚德》第16卷第9章"和"时间观念之分析"，1902年讲授"亚里士多德的《自然哲学》第2卷"（该内容一直讲到次年）和"体系关系中时间观念的历史"，1903年讲授"记忆的理论发展"和"亚里士多德《形而上学》第11卷"，1904年讲授"自由问题的发展之研究"和"斯宾塞的《第一原理》"，1906年讲授"意志理论"和"斯宾塞的《心理学原理》"，1907年讲授"普遍观念的形成与价值"和"巴克莱的认识原理"，1908年讲授"精神的本性与大脑作用的关系"和"巴克莱的'塞利斯'"，1910年讲授"人格"和"斯宾诺莎的《知性改进论》"，1911年讲授"进化的观念"和"斯宾诺莎的普遍原理"，1913年讲授"克里德·柏纳尔的哲学"。这一系列课程内容记录了柏格森对先哲大师思想观点的精到把握，更折射出他本人对这些重要哲学问题的独到见解。事实上，这些年来柏格森不断思考所收获的智慧结晶在这些课程中或多或少、或深或浅地都有所阐述和体现。柏格森在法兰西学院历次授课的主要内容及创新之处，后来都以摘要的形式刊载于《法兰西学院年刊》上，供学习交流之用。

1914年1月10日，经过一番角逐后，柏格森当选道德与政治科学院主席，他在就职典礼上发表了热情洋溢的讲话。柏格森在感谢各位同人的信任和支持之后，对于本院采用的主席选举机制啧啧称道，认为该机制能够较好地体现所有成员的自由意志，真正使"大家管理大家"的原则落到实处。接着，柏格森以学院全体成员的名义向前任主席致以衷心的感谢和崇高的敬意。前任主席为后继者树立了光辉榜样，他对每一位成员都给予了莫大的关心，并怀着无比崇敬的心情将已故同人的生平事迹提供给某位历史学家，使他们能够名垂青史、长存于世。柏格森还对学院的终身书记表达了由衷的敬意，正因为有了这位终身书记的支持、引导和鼓励，他才会从容淡定地担负起学院主席的职责。在柏格森看来，学院主席绝不是依靠某种命令来推动工作，所有成员紧密团结的基础在于彼此的尊重和理解，而学院两周一次的集会为大家交流思想、加深感情提供了很好的平台。从学院的机构设置来看，各分部从事的研究属于不同学科门类，但这些看似各自独立的研究实际上是相辅相成、彼此互补的，因为每个领域的专家"都为了同一目标而工作，即进行人的研究，研究个体生活和社会生活中的人"。这也正是学院的所有成员能够始终在观念上相互理解、在感情上彼此亲近的原因。柏格森还指出，随着现代科学技术的迅猛发展和广泛运用，人类认识自然、改造自然、驾驭自然的能力有了极大提高。可是，人们在精神方面的能力却没有得到相应的发展，现代社会滋生蔓延的许多问题都可归因于这种灵肉关系的失衡。重建这种平衡需要深化各门科学，尤其是道德科学和政治科学的研究，需要学院全体成员付出艰辛努力并在此过程中相互支持。在就职演说的最后，柏格森对这次当选的学院副主席表示了敬意和赞赏，他们将共商院务、共谋发展，努力把学院的各项工作做得更好。

1915 年，柏格森参加了"法兰西科学"丛书的写作，负责撰写哲学部分，由拉乌尔书店出版。

1918 年 1 月 24 日，柏格森当选法兰西科学院院士，接替已故院士、著名政治家奥列维尔的职位。柏格森发表了自己的当选感言，对法兰西科学院授予他的这一崇高荣誉深表谢意。按照法兰西科学院的要求，新当选的院士必须首先对其前任进行研究，品鉴学术著作，了解思想观点，分享人生感悟。如此规定的目的无非就是，使当前的研究建立在前人已有成果的基础之上，用前辈的优良学术品格感染新加入的成员。柏格森对这一要求非常认同，认为这是对新成员的教育、考验和挑战。随后，柏格森较为详尽地叙述了自己的前任奥列维尔院士的生平简历和学术贡献，向这位在学术研究领域作出突出成就的前任院士致敬。

1919 年，柏格森将自己在 1900 年到 1914 年期间撰写的一些评论和演讲稿汇编成册，出版了一部论文集《精神的力量》，全书探讨的主题是"身心问题"。这部著作于 1920 年被翻译成英文，书名译为 *Mind-Energy*（《心力论》）。

展翅翱翔的法兰西"云雀"

柏格森的讲学并没有囿于法兰西学院，他还陆续参加了一系列重要学术会议，在各种不同场合发表演讲，他的声名也迅速远播全世界。1900 年 8 月，在 20 世纪的第一个年头里，第一届国际哲学大会在巴黎举行。这次盛会云集了来自世界各国的众多哲学家、知名学者，他们聚在一起就哲学的发展趋向进行了深入探讨。在这次大会上，柏格森宣读了他的参会论文《关于我们对因果关系法则的信念的心理学来源》。柏格森的非凡创见和缜密思维在与会学者的心目中留下了深刻的印象，不仅是欧洲、大洋彼岸，就连世界的东方，人们都开始广为知晓柏格森的名字。1901年3月16日，柏格森在国际心理学会上作了题为《梦》的演讲，阐明了他对"梦"这一特殊意识现象的精辟见解。

次年，柏格森受邀参加伏尔泰中学的授奖仪式并发表演讲，这篇演讲稿后来以《智力论》为标题刊载于《求真理同盟年报》（第21年度）上。柏格森在一开始就向学生们表明了演讲的主旨：每个人只有依靠自己的不懈努力才能达到"精神独立"和"意志独立"，才能摆脱奴役状态获得真正的解放，而他所要揭示的就是在此过程中发挥决定作用的神奇力量——智力（创造力）。智力能够化污浊为纯净，变平庸为卓越，当拥有它时，人们就能通达理想的彼岸。要想获得智力，必须全神贯注于某项事业，心无旁骛，持之以恒。在柏格森看来，智力并非个体所具有的某种才能，而是人与物达到协调一致、同频共振的根本方法，"真正的智力可以使我们渗透到所研究的事物的内在本质中去，触及它们的基础，同时激扬我们的精神，并且使我们感到灵魂的颤动"。智力也不等同于推理，因为人们通过推理得到的无非是一般化的结论，始终难以适应复杂多变的个体状况，无法准确切合各种问题的解决要求。柏格森还指出，即便是最为疏远的知识领域之间依然存在"隐蔽的交往关系"，世界上纷繁复杂的各种事物之间也总是有着某种相似性。如果智力在某个特定领域里应用自如，那么在其他所有领域中也都能做到驾轻就熟、轻而易举地从未知走向已知。柏格森提出，智力的本性就是人的精神与客体完美适应，这必须要依靠意志的力量来推动。只有不吝艰辛付出，始终做到专心致志，智力才会在一种难以察觉的状态下实现突飞猛进。许多人之所以故步自封，停滞不前，难有更大作为，其根源就在于寄希望毕其功于一役，一次性获得自己所想要的一切。每个人都必须明白，"智力的一切进展，才能或见识的提高，都代表着自我意志带动一个人的精神向着高度专注的目标努力攀缘的结果"。柏格森进而指出，智力的秘密、天才的本质就在于精神专注，这不仅是人与动物的区别，更是清醒明智的人与异想天开的人、天才与庸人的分水岭。人们平常看到的往往只是智力的外在表现形式，殊不知，人的意志是一切能量包括智力的源泉，意志创造奇迹。对于中学生朋友来说，学习不仅能增加知识，更有助于塑造精神专注、意志坚韧的优秀品质，从而不断提升智力水平，实现人生的奋斗目标，更好地为自己的国家服务。

同年 12 月 18 日，柏格森参加了法国哲学学会的讨论会，在会上作了题为《哲学在中等教育中的地位和特性》的发言，这篇发言稿后来发表在《法国哲学学会公报》（1903 年 2 月号）上。柏格森指出，从当时法国中等教育的实际情况来看，哲学课是比较令人担忧的。由于西方哲学源自古希腊，受语言条件的制约，希腊—拉丁地区以外的学生很难迈入哲学的大门。教育工作者的任务就是要让来自各个地区的学生接触、了解和掌握哲学，发挥哲学在他们学习过程中的种种益处。柏格森还特别强调了一点，即不要过早地向中学生讲授哲学，否则会适得其反。这是因为，尚未达到成熟年纪的学生并不能真正了解学习哲学的意义，简单灌输知识难以激发他们的学习兴趣，反倒容易产生逆反心理，以致弱化日后学习哲学的积极性和主动性。因此，开展哲学教育必须要注意这个问题。当然，这并不等于说让中学生与哲学彻底绝缘，即使不过早地传授哲学知识，还是要积极引导他们去思考一些哲学问题，逐渐唤起他们对哲学教育的渴望，直到中学学习的最后一年再来系统讲授哲学。这种循序渐进的教育方式将有助于培养中学生学习哲学的浓厚兴趣，从而达到最佳的教学效果。在这次讨论会临近结束时，主持人库蒂拉作了简短的评议，提出"借助方法论的与历史考察的手段，总体的哲学精神将使中等教育充满活力"。对于这个说法，柏格森提出了异议。他认为，不能将哲学仅仅理解为方法论。尽管哲学首先研究具体的实在，需要对各门具体科学的结论进行提炼，但这只是哲学的一部分任务。心理学和形而上学才是哲学中最为重要的内容，因为"心理学使我们与某种实在直接接触，而形而上学则设法概括这种接触"。就哲学教育而言，心理学和形而上学也是最有深度、最为精彩、最受欢迎的授课内容。

1904年9月，第二届国际哲学大会在瑞士日内瓦举行。这似乎是命运的精心安排，日内瓦曾经是柏格森生活过的地方，这里的"哲学家大道"令他感到分外亲切。如今的柏格森真正以一个大哲学家的身份再次来到这里。柏格森在这次会议上宣读了题为《心身平行论》的论文，论证了人的意识活动并不完全依赖于大脑。这个见解与当时学界盛行的主导观点针锋相对，那时候学者们普遍认为意识和大脑之间存在着平行关系，大脑的某一部分受到损坏，相对应的那部分意识活动就会丧失。这个观念在人们的思想里已经根深蒂固，柏格森所要做的就是力图揭示其非科学性，否定身心之间所谓的平行关系。这篇论文后来改名为《大脑与思考——一个哲学的错觉》，收入《精神的力量》一书。1907 年，第三届国际哲学大会在德国海德堡召开。遗憾的是，这次柏格森因病未能出席。1911 年，在意大利北部城市波伦那举行了第四届国际哲学大会，柏格森参会并宣读论文《哲学的直观》，这篇论文是《形而上学导言》的姊妹篇，后收入《思想和运动》一书。

1911 年 5 月，就在第四届国际哲学大会之后不久，柏格森受牛津大学和伯明翰大学的邀请赴英国讲学。在牛津大学，他作了题为《变化的知觉》的演讲，之后接受了牛津大学授予他的理学博士荣誉学位。接着他来到伯明翰大学，在赫胥黎纪念会上发表题为《生命与意识》的演讲。赫胥黎是英国著名的生物学家、达尔文进化论的坚定追随者，他甚至在与达尔文通信时谈道："为了自然选择的原理，我准备接受火刑，如果必要的话"。赫胥黎在宣传、捍卫达尔文进化论的斗争中发挥了无可替代的积极作用。人们对赫胥黎坚持和捍卫真理的崇高品格给予了高度评价，如果说进化论是达尔文的蛋，那么，孵化它的就是赫胥黎。那么，柏格森为什么要在赫胥黎纪念会上选择这样一个题目呢？他解释道："为了纪念一个科学界的名人作演讲，在选择题目时肯定有一番困难。这题目必须是为名人所最关心的。这次演讲是为赫胥黎作纪念，我却没有这种困难；因为他是 19 世纪英国所产生的一个大思想家，他对于一切问题都曾经表示关心，如果要想出一个他未曾关心的问题，反倒很困难。但是他虽然作为一个博物学家和哲学家，关心着一切问题，在这中间还是有轻重之分；如果有一个问题比别的问题更为他所关心的话，那我以为这一定是关于'意识、生命'及二者关系这个三重的问题。"几个月后，英国著名评论期刊《希伯特杂志》全文刊发了这篇演讲稿。同年 10 月，柏格森再次来到英国，这次他是受伦敦大学的邀请来讲学。他作了一场题为《灵魂的性质》的演讲，据说当时整个讲厅座无虚席，盛况丝毫不亚于柏格森在法兰西学院开设讲座时的景况，短短几天听众就达到数千人。英国的《泰晤士报》还对这场演讲的内容摘要作了刊登，英国的两位著名哲学家亚历山大和怀特海也对柏格森赞许有加，一时间柏格森的名字传遍英国。

当然，学术领域从来就不乏各种观点的碰撞和交锋，而这恰恰是学术得以繁荣发展、生生不息的内在动力。一直以来，英国对理性主义非常推崇，而柏格森过于强调直觉的观点难免会遭到非议。在这些反对的声音里，英国著名哲学家罗素可以算作一个代表人物。柏格森认为，人的理智会歪曲实在。就像电影一样，先将完整的事物分割为一张张静止的胶片，再用放映机连起来快速放映，屏幕上便呈现出连续不断活动着的各种事物。人的理智也是如此，先是分割实在，之后再连接起来加以理解。罗素却不赞同这种观点，为此他还亲自去了一趟他几乎从来不去的电影院。在切身感受到电影放映的过程之后，罗素指出："我看见了电影中上山入河等镜头，我知道并不是有一个人在活动着，而是许多胶片的连续，每一张胶片各有一个不同瞬间的人，仅仅是由于各个瞬间的人联结起来，几乎是连续在一起，才被误解为一个固定的人……我相信，真实的人，纵然他自己宣誓是一个人，而其实也是许多瞬间的人的系列，每一瞬间的人各不相同而联结在一起，这不是由数的同一，而是由连续和某种根本的因果律所造成的。这适用于人的道理也可适用于桌椅、日月星辰等。所以，每一事物都不是一个单纯固定的实体，而其实是许多实体的系列。这许多实体互相在时间上连续后，每一实体都仅仅经历一极短时间。"这样，两位哲学家就理智能否把握实在这个问题存在着根本的分歧，柏格森的回答是否定的，而罗素的理解是肯定的。罗素还讽刺了柏格森的巅峰之作《创造进化论》，说柏格森"像做广告的人一样，依赖鲜明生动、变化多端的说法，依赖对许多隐晦事实的表面解释，尤其是类推和比喻，是他向读者介绍他的意见时所用的整个方法的一大部分。他的著作中见得到的有关生命的比喻数目超过我所知的任何诗人的作品中的数目"。但是，从一个客观的评论家的视角来看，"他会感觉这样的见解和骑兵军官是相称的，和哲学家却不相称，因为哲学家到底是以思考为本务的：他会感觉在猛烈运动的激情与喧嚣当中，理性奏出的微弱音乐没有容留余地，没有闲暇作公平的沉思"。罗素甚至还直言不讳地抨击道："像柏格森哲学这样一种反理智哲学的一个恶果是，这种哲学靠着理智的错误和混乱发展壮大。因此，这种哲学宁可喜欢坏思考而不喜欢好思考，断言一切暂时困难都是不可解决的，而把一切愚蠢的错误都看作显示理智的破产和直觉的胜利。"尽管观点不同，但这丝毫没有影响罗素对柏格森学术成就的评价，在罗素看来，柏格森当之无愧是20世纪最重要的法国哲学家。不仅如此，罗素还指出，柏格森依赖其观点固有的魅力和一手极好的文笔的动人力量，依赖鲜明生动、变化多端的说法，依赖对许多隐晦事实的表面解释，特别是类推和比喻，使他的观点无须说理亦极具有说服力。他善于发明动人的隐喻，其流畅且富劝诱性的风格使他的哲学具有广泛的吸引力。

1913 年 5 月，柏格森第三次来到英国，此次是去伦敦担任大不列颠心灵学会会长，并在学会上发表了题为《生者的幽灵与心灵之研究》的演说，这篇演讲稿后来也收入《精神的力量》一书中。

此时的柏格森已经是一位美誉全球的大哲学家了。不仅是英国，美国、瑞士、西班牙等国家也都向他发出邀请函，盛情邀请他前往讲学。1913 年 2 月，柏格森应美国哥伦比亚大学之邀来到美国纽约。在哥伦比亚大学，柏格森作了两场演讲，题目是《认识论素描》和《精神性与自由》，这两场演讲分别使用的是英语和法语。在前面，我们就已经了解到，由于柏格森的母亲是英国人，柏格森自幼就英语水平出色，因此无论是英语还是法语都是他能纯熟驾驭的语言工具。据说，哥伦比亚大学图书馆的馆长道森·约翰斯顿曾赠予柏格森一本《亨利·柏格森书目提要》，书的序言是美国哲学泰斗杜威亲自撰写的。杜威在序言中这样写道："以下各页书目提要的目的，就在于引导广大的听众们进一步明白柏格森教授思想中活跃的能量有着多大的影响。这一本提要必定能使他们更加明了柏格森所作的各个演讲，而对于他们之中想要潜心细读柏格森的著作以便大有收获之人，也将是大有裨益的。"需要专门编一本书目来收录并研究柏格森的著作，由此可见当时全世界研究柏格森有多热。据统计，到 1912 年，仅美国、德国、瑞典三国图书馆收藏的研究柏格森思想的著作就有四百余种，其中仅 1911 年就新出了约八十种，1912 年又有近一百三十种。此外，柏格森的著作已经被翻译成欧洲多种语言，包括英文、德文、意大利文、俄文、瑞典文、匈牙利文、丹麦文、波兰文等等。当柏格森从馆长手中接过《亨利·柏格森书目提要》时，他深深感受到了美国学者的深情厚谊，柏格森的感激之情溢于言表。

1914 年春天，柏格森又来到了英国。苏格兰各大学为柏格森安排了春秋两季一系列讲演（吉福德纪念讲演），春季十一讲，在爱丁堡大学举行，总题目是《人格问题》。秋季讲演活动因第一次世界大战爆发而取消。这一年，柏格森还遇到了一件令人非常烦心的事情，他的著作被罗马天主教宗教法庭列入禁书，理由是柏格森的著作受到了天主教现代派的青睐。据说这里面是有人在暗中使坏，推波助澜。这个人就是正统天主教理论家、新托马斯主义者雅克·马里坦。他本人原先非常信奉柏格森的思想，后来转而追随托马斯·阿奎那的理论，改信天主教，一跃成为新托马斯主义的代表人物。他认为柏格森的著作与新托马斯主义所主张的基本观点存在重大分歧，必须要加以禁止。不过，这对于柏格森本人的名望及其思想的传播并没有造成什么根本影响。1920 年 6 月，柏格森再次受邀来到英国，剑桥大学授予了他文学博士荣誉学位。

我们知道，柏格森最具原创性的见解之一就是提出了两种时间的划分，他认为真正的时间即绵延，而这本身就是从哲学层面上讲的。不过，他的这个观点却遭到了大科学家爱因斯坦的强烈反对。1922 年 4 月 6 日，法国哲学学会在巴黎召开了一场讨论会，柏格森与爱因斯坦在此相遇。他们当面展开了激烈的辩论，柏格森极力主张他所提出的"真正的时间"，而爱因斯坦干脆拒绝了这种"哲学家的时间"，结果两人谁也没能说服对方。其实，他们根本就不是在同一个层面上讨论时间概念，就好比我们拿"一盎司"与"一厘米"相比较一样。后来，两个人的辩论记录刊载于《法国哲学学会公报》（1922年7月号）上。

擎起新思想传播的大旗

除了致力于将自己的理论研究向纵深推进外，柏格森还经常撰写学术通讯，向道德与政治科学院推荐一些富有创见的优秀著作，积极推动学术思想传播，这些推荐函后来都刊登在《道德与政治科学院年鉴》上。

1904年5月28日，道德与政治科学院讨论了柏格森提交的一篇学术通讯，内容是推荐普鲁斯特新近翻译并作序的《阿米安圣经》。这本书的作者是19世纪英国著名作家、艺术批评家约翰·罗斯金，他文笔犀利，针砭时弊，尖锐批判了现实社会中存在的种种问题，因而成为一个颇有争议的人物。有人认为罗斯金的言论充满了对现实政治秩序的驳斥和动摇，把他看作激进主义的代表人物；有人认为罗斯金将毕生精力投入对"美"的追求中，将他誉为"美的使者"；还有人认为罗斯金将太多的个人感受渗入对美的赏析中，不能称之为一个真正的艺术家。柏格森指出，普鲁斯特的贡献在于，以其卓越的翻译才能引领人们进入罗斯金的思想深处，还原这位"维多利亚时代的圣人"的本真面貌。罗斯金兼有理想主义和现实主义两种思想风格，他是一位虔诚的基督教徒，相信诗人和艺术家的存在是为了传递神的启示；他又认为物质是精神的表现形式，艺术不能脱离现实生活而孤立存在。在罗斯金那里，宗教始终是审美的先导和指引，信仰是艺术存在与繁荣的根基，离开信仰就无所谓艺术。人们只有深刻了解罗斯金本人的思想特点，才能更好地理解他的作品和观点。

1905 年 4 月 1 日，该科学院对柏格森的另一篇学术通讯进行讨论，这次他推荐了奥西普-卢里耶的著作《幸福与智慧》。作者在该书中提出了关于幸福的两种观念：现实的幸福观与理想的幸福观。前者是指人们依靠所占有的金钱、权力等获得的满足，这种满足是短暂而虚幻的，很快就会被无聊所吞没。后者讲的是，幸福并非已经拥有了什么，而在于对幸福本身的向往和追求，在此过程中人们才会真正明白幸福究竟是什么。作者在探讨理想的幸福观时还深刻揭示了幸福的根源，即"爱，艺术，科学，以及首要的自由"。然而，至此还不足以促使柏格森倾力推荐这部篇幅短小的著作，最引人入胜的在于"这本书从头到尾贯穿着一种精细的心理学与一种真正的道德升华相结合的精神产物"。

1910 年 4 月 16 日，道德与政治科学院专门探讨了柏格森推荐的一本新书《诗人音乐家瓦格纳：音乐心理学的研究》（L. 多里亚克著）。多里亚克以音乐天才瓦格纳的创作时间为序，顺延音乐和心理学两条轨迹，追踪他的思想发展历程。从瓦格纳前期创作的歌剧可以看出，他从自我探索到发现自我，再到拥有完全意识，历经自我意识觉醒的完整过程。之后，瓦格纳开始总结、提炼、升华，发表了许多艺术理论著作。他将音乐剧理解为"诗与音乐的联姻",是"有声的诗人"创造出来的。不仅如此,他还将"史诗性"置于其作品的核心地位,作为音乐的原因和结果存在。多里亚克还深刻揭示了瓦格纳的艺术秘密,即通过音乐的融入使悲剧更具史诗色彩,使喜剧增添小说成分。其实,凡是观赏过瓦格纳歌剧的人或多或少都有与音乐剧打交道的感受,剧中场景呈现出的也"不是情节进展的连续性,而是只给予我们一些不连续的阶段"。瓦格纳正是凭借他对不同音乐手法的精纯运用,使自己的作品既有丰富性又有震撼力,观众在观赏的几个小时内始终全情投入、心随剧动。长期以来,唯有多里亚克用如此清晰简洁的语言阐明了瓦格纳歌剧的这一特点,这也正是本书最能吸引柏格森的地方。

此外,柏格森还郑重地向道德与政治科学院推荐了以下著作:《论当代英国的一种心理学:好战的危机》(雅克·巴尔杜著)、《心理学一般概念》(Luquet,G. H. 吕格著)、《艺术意义》(保尔·戈尔蒂耶著)、《拉·封丹》(J. P. 内拉克著)、《意识的组成》(G. 杜厄萧韦斯著)、《同一性和实在性》(埃米尔·梅尔森著)、《关于神秘主义的历史和心理机制的研究》(亨利·德拉克洛瓦著)、《智力的诞生》(乔治·波恩著)、《多元论》(J. H. 博埃克斯-博雷尔著)、《道德的心理学基础》(安德烈·朱尚著)、《今日的法兰西》(文德尔著)、《道德科学中的达尔文主义》(J. M. 鲍德文著)、《进步和幸福》(J. 费诺著)等等。从这些著作的标题我们可以看出,尽管柏格森关注和推荐的著作涉及不同学科领域,但都与他本人正在从事的研究密切相关,书中的许多观点更是直接与柏格森的哲学思考相契合。

弥足珍贵的相知相惜

　　早在写博士论文期间，柏格森就表达出对美国著名心理学家、哲学家威廉·詹姆斯的欣赏。他说："詹姆斯在九年以前曾使生理学家注意某些现象，这些现象很少被人们注意，但确实很值得人们注意。""詹姆斯教授的研究，其新颖的地方在于：他在那些好像会绝对推翻这个说法的实例中，也把这个说法证实了。"1908 年，柏格森与詹姆斯在英国伦敦第一次会面，此时的詹姆斯已经 66 岁了，而柏格森只有 49 岁。不过，年龄的差距丝毫没有阻碍两个人思想上的交流，他们都觉得相见恨晚，各为对方的天才思维和深邃见解所折服。中国有句古语叫作"惺惺惜惺惺，英雄爱英雄"，似乎能够比较合适地表达柏格森与詹姆斯之间相知相惜的深厚友情。詹姆斯此行是受牛津大学之邀来伦敦讲学的，他在牛津大学曼彻斯特学院演讲的总题目是"哲学之现状"。此时，詹姆斯已深深地被柏格森的创见所感染，于是特地增加了一个讲课内容"柏格森和他对理智主义的批判"，对柏格森哲学思想的地位和价值给予了高度评价。1909 年，詹姆斯将自己在牛津大学演讲的稿子结集出版，书名为《多元的宇宙》。詹姆斯在书中对柏格森大加赞赏："如果我还没有读过柏格森的著作，那么我也许仍然会希图去达到那永远也不可能达到的目标，独自涂写着那没完没了的一页页论文。"这本书在美国出版后引起了很大的震动，人们都想阅读詹姆斯如此推崇的柏格森的著作。

　　除了面对面的交流，两位大哲学家的思想对话还体现在往来通信中，这也是他们之间深厚友情的重要见证。在这里，我们就柏格森致威廉·詹姆斯的书信，择要撷取几封略加了解。比如《专注是精神生活的最大特点》，这是柏格森在读完詹姆斯的讲演录《宗教经验种种》之后写的回信。柏格森对这篇讲演录评价很高，称赞"它从头到尾都是那么激动人心的"，詹姆斯"已经成功地提取到宗教感情的真髓"，在分析和解释宗教感情方面开辟了一条前无古人的新路。柏格森表示，自己的许多见解与詹姆斯非常接近，对一些问题的思考甚至直接受到詹姆斯观点的影响。在信中，柏格森还提出一个新观点，也就是将生命的整个过程理解为注意力的集中，"大脑指挥着这种注意力，它可以意识、规范和估量某一行动所需的心理专注程度；而且，这种专注既不是意识生活的复本，也不是它的工具，而是它的极点，是它切入事件的那个部分"。在这封信结尾处，柏格森还表达了日后要与詹姆斯当面探讨以上问题的愿望。再比如，柏格森于 1903 年 3 月 25 日写给詹姆斯的书信《一切事物都自成统一体》。在一开头，柏格森对詹姆斯因过于疲劳可能来不了欧洲的情况表示非常遗憾，希望他能尽快恢复健康。对于詹姆斯在来信中所称关于《物质与记忆》一书某些地方存在难点的问题，柏格森解释有些问题是由于观念上根深蒂固的积习造成的，只有摆脱旧有思维习惯的束缚才能达到更加深刻的认知。比方说，承认在场的和无意识的记忆会遇到困难，但如果将这些记忆同化于事物之中，就不会再有所谓在场的记忆与不在场的记忆这种区分了。在人们的思想意识中，这些记忆要么是实际存在的，要么根本就不存在。此外，柏格森还对詹姆斯近期所作的一次演讲提出看法，这次演讲包含了许多新观点、新思想，其中最为重要的就是"必须超越各种概念、简单的逻辑以及某种过于系统化的哲学程序（它假设一切事物都构成一个统一体）"。1908年5月9日，柏格森致信詹姆斯阐述了自己哲学观点的转变过程。当时詹姆斯正在英国讲学，来信特意邀请柏格森去牛津大学参加他的讲座。柏格森对此深表感激，并应詹姆斯要求介绍了个人简历及学术思想。柏格森特别提到，他在1881年至1883年期间经历了思想方法上的重要转变。1881年之前，柏格森几乎接受了斯宾塞的机械论思想，并矢志研究所谓"科学的哲学"。然而，当他对力学、物理学中的时间概念进行深入考察之后，旧有观念被彻底颠覆了。柏格森发现，真正的时间是"绵延"，科学的时间并非真正的时间，实证科学是对"绵延"的取消。这个结论开辟了柏格森哲学思考的新方向，成为他此后进行原创性研究的思想基点。

此外，柏格森致威廉·詹姆斯的书信还有：1905年2月15日《关于无意识的领域和实证的形而上学》、1905年7月20日《纯经验不分主客观（可用形象来表示）》、1907年6月27日《真理处于变易之中》、1908年7月23日《感谢美国著名学者对自己的研究》、1909年1月21日《关于"地灵"的假想》、1909年4月9日《答谢〈柏格森的哲学〉一文》、1909年4月30日《关于〈多元的宇宙〉一书》、1909年10月28日《关于实在（现实）与真实的区别》、1910年3月31日《战争的非必然性和反常的思维》等等。这些信件原系私人之间的通信，后来分别被冠以如上标题刊载于《两世界杂志》上。

詹姆斯为了在更大的范围内推介柏格森的哲学思想，极力鼓动好友密切尔将《创造进化论》翻译成英文，并承诺自己负责校对译稿并为之作序。对于柏格森的《创造进化论》，詹姆斯有着极高的评价："这是哲学史上的一个真正的奇迹，就其内容而言，如果我没有弄错的话，它标志着一个新纪元的开始，就其形式而言，它也具有铿锵悦耳的音调……""在这种神奇的现象面前，一切事物都变得黯然失色了。"可惜天不遂人愿，《创造进化论》的英译本尚未出版，詹姆斯就在1910年8月26日因心脏病突发离开人世，为《创造进化论》撰写序言的打算也成为泡影。

就在詹姆斯与世长辞的第二年，他的经典哲学著作《实用主义》被翻译成法文，柏格森为之作了题为《真理与实在》的长篇序言。这篇序言饱含柏格森对詹姆斯这位心灵知音的由衷赞誉和深切哀思。在序言结尾，柏格森深情说道："没有人以比他更热烈的感情来爱真理，没有人以比他更大的激情来追求真理的了。一种巨大的不安激动着他；而他就从一种科学到另一种科学，从解剖学、生理学到心理学，从心理学到哲学，紧张地专心致志于那些巨大的问题，而毫不考虑其他，也忘掉了自己。终他的一生，他都在观察、在实验、在沉思。而好像他还做得不够，当他在最后沉睡时，他还在梦想着异常的试验和超人的努力，就凭着这些，直到他死后，他还能继续和我们一起为了科学的最大的善，为了真理的最大的光荣而工作。"

由于柏格森与詹姆斯之间的学术交流相当紧密，很多时候他们的见解又不谋而合、殊途同归，一些学者便经常将他们相提并论，发表文章对二人的理论主张进行评述。这其中，有些评论比较符合实际，也有些看法并没有准确把握思想实质，还有一些观点纯粹是曲解本意。对此，柏格森通过致信杂志社或者评论者本人等方式予以回应，澄清不实之处，并深入阐发了某些核心观点。

1905 年 7 月 10 日，柏格森给《哲学杂志》的主编写了一封信，就该杂志最近刊登的一篇文章提出意见。该文作者认为，柏格森主要是在詹姆斯·瓦德（James Ward）的启发下提出"绵延"概念的，此外还受到了威廉·詹姆斯的些许影响。而威廉·詹姆斯所倡导的实用主义思想，则完完全全就是柏格森思想的翻版，毫无创见可言。柏格森对此论断表示强烈反对，因为他在撰写《论意识的直接材料》时根本不知道瓦德其人，直到《论意识的直接材料》一书出版后他才读到瓦德的一篇心理学论文，并且他们的主要观点存在根本差异，只有"微小的相似"。至于威廉·詹姆斯，是他非常敬重的一位哲学家。不过，詹姆斯的论著《心理学原理》是在《论意识的直接材料》之后出版的。尽管二者在具体观点上比较一致，甚至可以相互佐证，但经过深入考证便会发现，他们各自提出的理论分属两个研究领域，思想来源和理论内涵也是各异的，绝不能将二者简单地等同起来。柏格森进而指出，自己的观点对詹姆斯进行思想创造的影响是微乎其微的。事实上，詹姆斯在读到《物质与记忆》之前早已沿着相同方向进行深入探索并取得了积极成果。因此，正如"绵延"概念并非源自《心理学原理》，詹姆斯的实用主义思想也不是受到《物质与记忆》的启发才形成的。

1923 年 8 月 24 日，柏格森致信 F. 德拉特尔，针对其发表的评论文章《柏格森心目中的威廉·詹姆斯》谈了自己的观点。在信中，柏格森集中笔墨阐释了"绵延"概念的精髓。依托自然的知觉和理解的能力，人们会理所当然地认为静止状态与运动状态是同样真实的，甚至相信静止才是事物的原初状态，运动只是对此前状态的打破和中断。柏格森将这种习惯思维完全颠倒过来，指出实在只存在于运动状态中，所谓静止状态不过是人们的主观心理所采取的一种观点而已。柏格森还提到，詹姆斯曾把人的心理变化喻为鸟的飞翔，还区分了"飞行的场地和休息的场地"。而柏格森自己所讲的"绵延"与之根本不同，只有"飞行"却没有"休息"，更不存在什么"场地"。

柏格森不仅指明了他与詹姆斯的思想差异，还对二者之间的内在一致性予以说明。比如，柏格森在答 R. M. 卡伦的公开信中强调，他和詹姆斯各自采取的研究方法并不是相互对立的，更确切地说，二者存在"先定的和谐"关系。再比如，雅克·谢瓦利耶在《威廉·詹姆斯和柏格森》一文中指出，两位思想家沿着不同研究路径前行，只要他们都朝向真理，最终必然会相遇。柏格森非常认同这一看法，并称赞詹姆斯是"最伟大的哲学家之一"，因为詹姆斯的心理学本身就是哲学，而且没有哪一位哲学家拥有他那样的慷慨气度。

第 4 章

战时外交家与文学巨匠

临危受命，出使西班牙和美国

1914 年 6 月 28 日，这一天是塞尔维亚的国庆日。奥匈帝国皇储弗兰兹·费迪南大公来到刚被奥匈帝国吞并不久的波斯尼亚检阅军事演习，并视察首府萨拉热窝。这次军演在临近塞尔维亚的边境地区举行，动用了两个兵团的军力，以塞尔维亚作为假想敌，激起了塞尔维亚民族主义者的极大仇恨。他们精心策划了一场刺杀行动。当费迪南大公车队经过萨拉热窝街头，19 岁的塞尔维亚青年加夫里若·普林西普冲上前连开数枪，刺杀了费迪南夫妇。这就是震惊世界的"萨拉热窝事件"，也是第一次世界大战的导火索。事件爆发后，奥匈帝国的军国主义者认为这是个千载难逢的机会，在得到盟友德国的支持后，以此为借口于 7 月 28 日向塞尔维亚宣战。我们知道，巴尔干半岛地处欧洲心脏地带，素有"火药桶"之称，各方势力在此激烈争夺，矛盾冲突此起彼伏。一战前，这里成为俄国、奥匈帝国、德国等国极力争夺的焦点。奥匈帝国的宣战很快引发了连锁反应，德国、俄国、法国、英国等一批国家相继投入战争，第一次世界大战由此爆发。战争在同盟国集团与协约国集团之间进行。同盟国主要由德国和奥匈帝国组成，意大利先是加入同盟国，后来转而投入协约国阵营。同盟国主要由英国、法国、俄国和塞尔维亚组成，后来亚洲、欧洲和美洲的许多国家又加入了协约国。第一次世界大战历时四年多，以欧洲为主战场，先后有三十多个国家和地区卷入战争，最终以同盟国集团的失败告终，大战涉及约十五亿人，人类遭受了一场史无前例的战争灾难。

一战的爆发绝非偶然，绝不只是因为费迪南被刺造成的。美国著名历史学家斯塔夫里阿诺斯在《全球通史》中深刻指出："如今，大多数历史学家已能分清曾在数十年里一直起作用的背景原因和在 1914 年 6 月 28 日弗兰兹·费迪南大公被刺后的紧张的数星期中开始起作用的直接原因。最重要的背景因素有四个：经济上的竞争、殖民地的争夺、相冲突的联盟体系和势不两立的民族主义愿望。"英国著名历史学家、社会学家马丁·吉尔伯特在《二十世纪世界史》中这样描述到，1914 年 7 月 28 日，经验丰富的英国驻维也纳大使向伦敦报告："推迟或阻止与塞尔维亚之间的战争，无疑会使这个国家的人极为失望，他们已经为即将来临的战争高兴得发疯了。"随着第二次工业革命蓬勃兴起，帝国主义列强的发展愈加不平衡，新老帝国主义国家之间争夺殖民地的斗争愈演愈烈，两大军事集团都在积极扩军备战，世界大战不可避免。

对于第一次世界大战的性质，社会各阶级观点不一、态度各异。法国总统彭加勒在演说中宣称："这个时刻，除了祖国而外，没有什么东西可言。"各国资产阶级政府极力怂恿本国民众投入战争中去，诸如"保卫祖国""拯救民族""维护文明"等冠冕堂皇的提法在当时铺天盖地，社会沙文主义迅速蔓延开来。法国著名诗人、超现实主义先驱阿波利奈尔高呼"法兰西万岁"，弃笔从戎，奔赴前线。著名科学家爱因斯坦参加了反战组织同盟，发出"善良的欧洲人，团结起来！"的呼吁。饮誉国际文坛的法国作家罗曼·罗兰大声疾呼："敌人不在国外，他在每一个民族的内部……那就是帝国主义的恶魔。"法国社会党领袖饶勒斯坚决反对这场强盗战争，在战争爆发前夕就多次号召："法国、英国、德国、意大利和俄国成千上万的无产者团结起来，齐心协力摆脱这场可怕的噩梦！"他为了制止战争、争取和平而到处奔走，7月27日参加了社会党国际局在布鲁塞尔召开的大会，29日参加了在巴黎瓦格拉姆大厅举行的和平会议。可是，他的正义举动激起了民族主义者的愤恨。31日，就在他最后一篇文章《冷静是必要的》发表当晚，一个名叫拉乌尔·维兰的狂徒杀害了他。这个消息一传出立刻在巴黎炸开了锅，广大民众极其愤慨，纷纷走上街头进行反战示威。《人民报》刊发专稿哀悼这位正义之士："饶勒斯一死，动员令就颁布了！他一走战争便接踵而来！"

以列宁为代表的马克思主义者高举反对帝国主义战争的革命旗帜，深刻揭露了这场战争的非正义本质，提出了"使本国政府在帝国主义战争中失败"和"变帝国主义战争为国内战争"的口号。在大战爆发前夕，1912年11月24~25日，第二国际在瑞士巴塞尔召开了第九次非常代表大会，会议的主题是讨论反对战争威胁的问题，与会代表一致通过了《国际局势和反对战争的统一行动宣言》（《巴塞尔宣言》）。《巴塞尔宣言》指出了帝国主义发动大规模战争的危险，揭露了正在酝酿的战争的帝国主义性质，阐明了国际无产阶级和各国社会党反对战争、捍卫和平的立场和策略。《巴塞尔宣言》成为国际无产阶级反对帝国主义战争的一面大旗，在欧洲各国迅速掀起了反战热潮。然而，一战爆发后，第二国际多数社会民主党领导违背了《巴塞尔宣言》的反战精神，在国会中投票赞成本国政府的军事预算和战争拨款。《巴塞尔宣言》已名存实亡，巴塞尔非常代表大会也成了第二国际召开的最后一次大会。德国共产党创始人之一卡尔·李卜克内西坚持反对帝国主义战争，在德国国会初次讨论战争拨款时，李卜克内西持反对态度，由于受到多数议会成员的强力打压，最终被迫投了赞成票。在第二次表决时，李卜克内西不畏强势、坚持立场，独自一人投了反对票。对此，列宁给予了高度赞誉，"在一百一十个议员中只有李卜克内西一人代表社会主义，代表无产阶级事业，代表无产阶级革命"，他树立了"以真正的革命精神利用反动议会的榜样"。李卜克内西的反战立场遭到了反动势力的忌恨，他们想方设法将李卜克内西赶出国会，并于1915年强行将他征召入伍。面对打击迫害，李卜克内西没有屈服，他利用一切可能的机会进行反战宣传。1915年4月，他与卢森堡、梅林等人共同创办了左派刊物《国际》，将广大左派人士集聚在刊物周围。此外，李卜克内西还广为印发列宁的著作《社会主义与战争》，积极宣传反对帝国主义战争和无产阶级国际主义思想。后来，反动政府以叛国罪将他投入监狱，在狱中他写下了《纵然把我粉碎，我也决不低头!》的光辉诗篇。一战结束前夕，李卜克内西被提前释放出狱。

再来看战争的进程。自费迪南被刺之后，欧洲局势骤然紧张起来，大战随时都会爆发。当时，法国和俄国已明确表示支持塞尔维亚，英国尚在犹豫之中，没有作出表态。在协约国成员中，法国是坚决的主战派，对于加速战争爆发起到了推波助澜的作用。为了怂恿盟友俄国参战，7月15日，法国总统雷蒙·普恩加莱（或译雷蒙·彭加勒）和总理勒内·维维亚尼一起到圣彼得堡对俄国进行国事访问，极力游说俄国对德国作战。与此同时，法国还玩弄外交伎俩，派遣外交使节赴德国谈判。7月31日，维维亚尼还下令前线部队后撤十千米以避免与德军接触，此举确实给德国传递了错误的讯号。与此同时，法国抓紧调兵遣将，集结军队，积极做好战争准备。8月1日，普恩加莱向军队下令总动员，次日全国总动员，法国进入了战争状态。德国继8月1日向俄国宣战后，于8月3日向法国宣战。随即，战争在西线战场打响。不过，交战双方一直都未取得重大进展，战争一度陷入了胶着状态。为了强化协调配合、加快推进战事，协约国各成员决定在一起谋划战略行动。1915年12月，协约国在尚蒂伊召开军事会议，商讨对同盟国发动大规模攻势。法军总司令霞飞将军对各国军事代表大谈自己的战略构想，他说道："诸位，实力是行动的基础。我想提醒大家的是，经过一年的努力，我们在技术兵器的生产和人力资源的动员方面已大大向前迈进了一步。我们的重炮和机枪生产已与德国持平，而且很快就要超过德国；在兵员上，我们各国的总数将要达到一千八百万人，而德奥最多能达到九百万人。所以，我认为，在下一年，我们的方针应该是进攻。具体来讲，应该由俄国和意大利首先在东线和南线发动攻势，在战略上牵制德奥军队，然后由英、法军在西线大规模出动，一举歼灭西线的德军，改变战局。不知诸位意下如何?"霞飞将军的这一提议获得了各国代表的一致赞同，不过大家对发动进攻的具体时间存在分歧。于是，协约国各成员决定次年年初再行商议。

德国这边也一直为局势迟迟没有取得突破性进展而焦虑。在战争之初，德军的战略计划是先集中优势兵力在东线击溃俄军，再挥师西进打败英、法军队。不过，战事的发展远没有想象中那样顺利。由于德军在西线受到了英、法军队的牵制，难以抽调更多的力量与俄军交战，加之俄国气候相当寒冷，交通甚为不便，德军在东线战场上并没有占到多少便宜，更不用说旗开得胜了。时任德军总参谋长的是埃里希·冯·法金汉将军，面对战场僵局，法金汉积极寻求破解之策。经过一番利弊权衡，法金汉决定放弃对俄国的强攻，而将主攻方向转到西线战场。就在这个时候，德军获取了关于协约国军事会议的情报，法金汉对协约国的未来打算了如指掌，这更加坚定了他转战西线的决心。法金汉向德皇建议，鉴于英、法两国一直为俄国提供经济和军事上的巨大支持，所以德军的攻击目标首先应当是英法，从而切断俄军的补给和供应，加快削弱俄方力量。由于英国地处大洋彼岸，德军此时还鞭长莫及，法国就成了最佳选项。德皇对法金汉的军事考虑表示了充分肯定。现在的问题就在于，从何处实施打击最能有效实现德军的战略意图。法金汉为此绞尽脑汁，日夜苦思，最终将攻击点确定为法国东部边境的凡尔登要塞。此处是通向巴黎的咽喉要道，对法国来说有着极为重要的战略地位，凡尔登一旦失守，巴黎就岌岌可危了。在明确进攻目标之后，法金汉决定发动突袭，先下手为强，打法国军队一个措手不及。还未等到协约国成员第二次会面商议，1916 年 2 月 21 日，德军抢先对凡尔登发动攻势，法军仓促应战，双方陷入了一场规模空前的激战。这就是一战期间伤亡人数最多、对战争全局最具决定性意义的凡尔登会战。

法金汉宣称，要让凡尔登成为"碾碎法军的绞肉机"。这场战役的确相当惨烈，双方激战之处无不灰飞烟灭、尸横遍野。据史料记载，德国皇太子威廉指挥的第五集团军（下辖七个军共十八个师、一千二百余门火炮、约一百七十架飞机；后增至五十个师，约占西线德军总兵力的一半）担负着进攻任务。德军首先将所有的火炮集中起来，对四十千米长的战线发动长达九个小时的密集炮击，一共发射了约一百万发炮弹。紧接着，德军以三个军的优势兵力从正面实施突击，四天之内接连攻占法军三道防御阵地，向前推进了五千米。德军攻势如此之迅猛出乎法军统帅部的意料，危险已经步步进逼。2 月 25日，法军总司令霞飞将军任命第二集团军司令亨利·菲利普·贝当将军为凡尔登前线指挥官。就在当天，被贝当称为"整个凡尔登防御系统的希望所寄"的杜奥蒙堡垒被德军攻陷。次日，贝当将军开始组织兵力发动大规模反攻。此后数月，双方连续鏖战，战争陷入了拉锯状态。

在这种万分危急的情况下，法国亟须获得邻邦的支持，法国政府决定派遣外交使团赶赴西班牙求援。柏格森作为主要代表参加了外交使团，之所以选择柏格森，不仅因为他当时在欧洲享有盛誉，还由于他口才出众，具有非同一般的说服力。事实上，一战爆发后，柏格森的学术研究、讲学交流等活动已经中止。1915 年，柏格森又辞去道德与政治科学院主席职务。柏格森开始为维护法国的国家利益走上外交舞台。此次受法国政府委托，在国家陷入危难之时，柏格森前往西班牙开展外交活动，他充分展示了自己的外交才能，向西班牙政要详尽分析唇亡齿寒的利害关系，希望西班牙出兵支援法国。西班牙政府经过权衡利弊，最终决定派兵参战援法。这次西班牙之行，柏格森取得了积极的外交成果。旷日持久的凡尔登会战消耗了德军的有生力量，在法军殊死抵抗下，这场战役最终以德军的失败而告终。凡尔登会战是第一次世界大战的转折点，德国的军队在此遭受重创，加上国内反战浪潮高涨，从此便一蹶不振，深陷内外交困的艰难处境。此后，战争的主导权逐渐转入协约国手中。对柏格森而言，他不负重望，为危难之际的法国成功争取外援，在自己的外交经历中也写下了值得称道的一笔。

美国对这次大战的态度经历了一个转变的过程。一战爆发伊始，1914 年 8 月 4 日，美国总统伍德罗·威尔逊就宣布美国保持"中立"。一方面，由于国内公众的舆论导向，大多数美国人本身不愿卷入这场血腥的战争。另一方面，美国政府也有着自己的利益考虑，它指望交战双方在战争中两败俱伤，最后由它来坐收渔翁之利，坐上世界霸主宝座。这一点，我们在美国驻英大使佩奇致总统顾问豪斯的信件中可见一斑。佩奇这样谈到，战后"差不多所有欧洲国家都快要破产了。海上将不再有德国。而十年以后……整个世界前途就将会落在我们手中，这是非常难得的机会"。事实上，两年多的"中立"让美国在国际贸易中大尝甜头，它的商品出口额急剧攀升，并一举从债务国转变为债权国，甚至还掌控了世界百分之四十的黄金储备。但是，随着战争进程的加快，事情正在发生着微妙的变化，几个重要事件逐渐改变了美国的态度。

第一个事件是德国入侵比利时。早在1839年，一项国际条约就确立了比利时为中立国。然而，德国根本不管什么"中立国"地位，它向比利时发出最后通牒，要求允许德国军队进入比利时领土，否则将被视为敌国。在遭到拒绝后，德国于8月2日向比利时宣战，随即大军侵入了比利时。对这一事件的影响，《第一次世界大战大参考》有过一段十分精辟的分析："比利时是一个中立的国家，虽然外面炮火隆隆，战争迫在眉睫，但中立的义务和对中立的信念，使得比利时人裹足不前，未能及早制订作战计划，以抵御外敌侵略，直到最后时刻，他们依然坚信，保证他们中立的国家不会侵略他们的家园。由于恪守中立，比利时忽略了自己的军队、边防、工事的建设。凡属意味着对那项保护性的中立条约缺乏信心的事情，他们一概置之不办。由于恪守中立，比利时的失败早已注定。然而，在骤然的侵略面前，比利时人没有退缩，没有投降，爱国的热潮骤然爆发，为了保卫国家的独立，他们奋起反抗，他们以自己的牺牲迟滞了德国人进攻的步伐，为协约国赢得了调兵遣将的宝贵时间。他们的贡献是巨大的，他们的行为是值得世人敬佩的。而德国人最终击溃比利时军队，自在意料之中。德国人不费吹灰之力就占领了比利时，却没有料到会为达到这一目的而付出代价，而这代价的沉重和巨大甚至远远超出了他们的想象。在侵略比利时的过程中德国人不仅在军事上有着大量的人员伤亡，更重要的是，外交上、道义上和民心上的损失。从某种意义上说，德国人得到了比利时，却失去了全世界。这一结局正印证了这样一句老话："得道者昌，失道者亡。"的确如此，不仅英、法两国直接对比利时予以支援，就连美国也深受震动，看来采取这种隔岸观火的中立态度也不能长久。德军的铁蹄在横扫欧洲之时，必然也会将美国作为下一个打击目标，至于所谓"中立"在德国人看来不过是一纸空文。

第二个事件是德国发动无限制潜水艇战。根据中文维基百科的解释，无限制潜艇战是指不分军用或民用的设备或工具，于战时为求打击敌方士气及消耗敌方物资，不惜攻击非军用部队或设备，尤其是载具的战略。第一次世界大战初期，德国就开始实施水面封锁，凡是去往英国的船只，不管军用还是民用，统统都以潜艇击沉。由于美国向英国出售的大批军用物资都从水路运输，德国此举给美国带来了巨大的经济损失。1915年5月7日，德国潜艇击沉了英国"卢西塔尼西亚号"客轮，造成一千一百九十八人死亡，其中包括一百二十四名美国人。这一事件招致美国严重不满，威尔逊总统向德国政府提出了强烈抗议。为回应美国人的抗议，德国开始对自己的潜艇有所限制。但出于军事利益的考虑，1917年2月1日，德国恢复无限制潜艇战。很快，更多的美国平民在公海上丧生。

对于美国当政者来说，他们也越来越意识到，如果不尽快加入这场大战中去，如果不尽快改变德国在欧洲的强权地位，受损的将不只是美国的经济，更会影响美国今后在世界上的地位和作用。

　　其实，法国也密切注意到了美国对参战态度的变化。如果美国能尽快对德国宣战，将会带来战争局势的扭转，对于法国缓解德军重压更是尤为迫切。1917 年，法国政府开始积极物色人选去美国见威尔逊总统，晓以利害，使美国放弃中立态度，加入反对同盟国的阵营中来。谁能担负这样的重任呢？法国政府几经思量，一筹莫展。一位名叫贝尔特鲁的政治家提议派柏格森前往，"他这个哲学家也是外交家啊！"鉴于柏格森出使西班牙时的不俗表现，这一提议很快获得了通过，柏格森再度肩负外交使命去往美国。但是，要说服美国转变中立立场并非易事，毕竟美国远在大洋彼岸，一时半会儿战火还不会从欧洲烧到美国。柏格森在华盛顿一待就是数月，其间还与威尔逊总统进行了两次彻夜长谈。有人认为，"也许正是因为他这两夜的长谈，才使第一次世界大战的整个局势，有了日后的大转变"。究竟柏格森在推动美国参战方面发挥了多大作用，我们不得而知，但他过人的智慧和敏捷的思维着实让大家领略了一番。柏格森在华盛顿时，接待了一大批来访的记者。据说有一次，三位记者去访问柏格森，不巧正赶上他要出门办理公务，这次访问很可能就要泡汤了。柏格森迅速拿出纸和笔，请三位记者把想要问的问题写下来，在与记者们的简短交流中，他已将自己的回答也写在了纸上，其反应之快令人赞叹不已。

　　1917 年 4 月 6 日，美国对德国宣战。战争一开始，美国就大力推行征兵制，首批就有三百多万人应征入伍，极大地扩充了美军的兵力。年轻而杰出的约翰·约瑟夫·潘兴少将被任命为美国远征军司令，率领先头部队赶赴法国。6 月 5 日，美国派遣了三十四艘驱逐舰，向大西洋上的德国潜艇发起猛烈进攻。1918 年，柏格森再次来到美国，此行目的是劝说美国加派兵力，加速战争进程。之后，一大批美国精锐部队陆续来到欧洲战场，据统计，到 4 月份美军在欧洲人数达到了三十万，到 7 月份的时候已达百万之众。如此规模的兵力投入，对于迅速击垮德军发挥了极为重要的作用。1918 年 11 月 11 日，德国投降，标志着第一次世界大战结束。柏格森又一次立下了汗马功劳，也为自己赢得了"战时外交家"的美誉。

不过，柏格森的外交生涯并没有随着大战的结束而终止。1919 年 1 月 18 日，获胜的协约国成员在法国巴黎的凡尔赛宫召开和平会议。这次和会实际上成为美、英、法三国首脑操纵的、在战胜国之间分赃的会议。由于各国代表都竭力争取更多的战争利益，经过将近一年的争吵和讨价还价，才最终达成了妥协和一致，巴黎和会于 1920 年 1 月 21 日闭幕。在巴黎和会上，还成立了第一个国际组织——国际联盟，其宗旨是促进国际合作，维护国际和平与安全。1922 年，国际联盟成立了知识分子合作委员会，不仅聚集了诸如爱因斯坦、居里夫人、洛伦兹等一大批知识界的名人，更是盛邀柏格森出任委员会第一任主席，这也足以见得当时柏格森在全世界的巨大影响力。

第一个获得诺贝尔文学奖的法国哲学家

在本书的序言中，我们对柏格森在文学艺术方面产生的影响已有所提及。柏格森虽然是一位大哲学家，但他文笔优美，妙笔生花，他写的东西深刻而生动，许多著作可以当成文学作品来阅读和欣赏。柏格森崇尚直觉、反对理性，崇尚自由创造、反对预先设定，这些思想理念对西方现代派文学艺术影响极大。柏格森所提出的"生命之流""绵延"等观点更是成为意识流文学的直接来源。

后期象征主义代表人物、法国著名诗人保尔·瓦雷里（或译保尔·瓦莱里）在诗歌创作的内容与手法上与柏格森非常接近，以致有人这样评价："瓦莱里在许多方面很像柏格森，他的诗歌的主题思想就是意识的诞生和创造性本质。他的目的就是对绵延进行直觉的解释。"1920 年，瓦雷里发表了震动西方文坛的不朽诗篇《海滨墓园》。在他的这部巅峰之作中，我们不仅看到了美妙的自然风光，更能领略到自然的永恒与人生的变易。在这里，我们选取其中一段来共同欣赏：

> "时间"的神殿，总括为一声长叹，
>
> 我攀登，我适应这个纯粹的顶点，
>
> 环顾大海，不出我视野的边际；
>
> 作为我对神祇的最高的献供，
>
> 茫茫里宁穆的闪光，直向高空，
>
> 播送出一瞥凌驾乾坤的藐视。
>
> 正像果实融化而成了快慰，
>
> 正像它把消失换成了甘美
>
> 就凭它在一张嘴里的形体消亡，
>
> 我在此吸吮着我的未来的烟云，
>
> 而春天对我枯了形容的灵魂
>
> 歌唱着有形的涯岸变成了繁响。
>
> 美的天，真的天，看我多么会变！

经过了多大的倨傲，经过了多少年

离奇的闲散，尽管精力充沛，

我竟委身于这片光华的寥廓；

死者的住处上我的幽灵掠过，

驱使我随它的轻步，而踯躅，徘徊。

整个的灵魂暴露给夏至的火把，

我敢正视你，惊人的一片光华

放出的公正，不怕你无情的利箭！

我把你干干净净归还到原位，

你来自鉴吧！……而这样送还光辉

也就将玄秘招回了幽深的一半。

这首诗的字里行间，处处昭示了时间的绵延本质，表达了诗人对直觉和创造的热情赞颂。

意识流小说的先驱普鲁斯特也深受柏格森哲学的影响，可以说是柏格森思想的坚定追随者。普鲁斯特非常注重直觉在文学创作中的作用，在他看来，"直觉与作家的关系，如同实验与学者的关系一样，其不同之处仅在于：对于学者来说，理智活动在先，而对于作家来说，理智活动在后"。普鲁斯特创作的七卷本《追忆似水年华》，深入揭示了主人公的心理活动，在他的笔下，过去、现在和未来完全融为一体。在这部鸿篇巨制中，普鲁斯特反复使用回忆手法，淋漓尽致地诠释了柏格森关于记忆的精辟见解。例如，主人公马赛尔在品尝点心的时候，往昔回忆立刻浮上了心头，"带着点心渣的那一勺茶碰到我的上颚，顿时使我浑身一震，我注意到我身上发生了非同小可的变化。一种舒坦的快感传遍全身，我感到超尘脱俗，却不知出自何因。我只觉得人生一世，荣辱得失都清淡如水，背时遭劫亦无甚大碍，所谓人生短促，不过是一时幻觉；那情形好比恋爱发生的作用，它以一种可贵的精神充实了我。……然而，回忆却突然出现了：那点心的滋味就是我在贡布雷时某一个星期天早晨吃到过的'小玛德莱娜'的滋味（因为那天我在做弥撒前没有出门）……"儿时的生活历历在目，点心的气味和滋味经久不散，"它们仍然对依稀往事寄托着回忆、期待和希望，它们以几乎无从辨认的蛛丝马迹，坚强不屈地支撑起整座回忆的巨厦"。普鲁斯特还认为，真正的现实主义必须触及实在，"一种文学如果只满足于'描写事物'，满足于由事物的轮廓和表面现象所提供的低劣梗概，那么尽管它妄称现实主义，其实离现实最远"。在普鲁斯特看来，"一小时不仅仅是一小时，它是一只装满了芳香、音响、打算、气氛的花瓶。我们所说的现实，就是同时存在于我们周围的那些感觉和记忆之间的一种关系……"

著名的现代派诗人、文艺评论家托马斯·艾略特非常认同柏格森的思想。他提出："用艺术的形式表现情感的唯一方法是发现它的'客观对立物'，换言之，就是构成这种表现情感的方式所必需的物品……要求它们必须具有唤起我们内心情感的力量。"在诗歌《烧毁的诺顿》中，艾略特还用简明形象的语句阐述了柏格森的"绵延"概念：现在的时间和过去的时间，也许都存在于未来的时间，而未来的时间又包容于过去的时间。奥地利小说家弗兰兹·卡夫卡强调直觉在文学创作中的作用，他"看重的是进行写作的那些瞬间"，"写东西只能这样，只能在身体和灵魂完全裸露的状态下一气呵成"。

不只是文学，柏格森的思想对现代派文艺的各个领域，如绘画、音乐、电影、雕塑等都有一定的影响。以绘画为例，许多现代派画家都从柏格森思想中获得了启发。法国画家、野兽派创始人亨利·马蒂斯认为："所谓构图，就是把画家所要用以表现其情感的各种要素，依照装饰的意味而适当地排列起来的艺术。"德国画家、表现主义大师保罗·克利指出："艺术并不描绘可见的东西，而是要将不可见的东西创造出来。"法国画家、立体派创始人乔治·勃拉克说："我企图到达：某一事物放弃了它的一般功能，当它没有任何作用时，我才去把握它，当它在那一瞬间成为陈旧废物，它的相对用途已经停止了，到那时它将成为一个艺术创作的对象而获得普遍的有效性。"如此等等，不胜枚举，这足以见得柏格森思想具有广泛而深远的影响力。

不仅如此，柏格森还在自己的许多著作中提出了关于文学艺术创作的独到见解。柏格森的《笑》本身就是一部重要的文学思想论著。在《创造进化论》中，他还深刻阐明了艺术家创作的本质，"生命的意向，也就是通过若干线条而表现的简单运动，或者说把这些线条结合起来并赋予意义的运动，这种运动都逃避了我们的注意。然而艺术家则企图再现这个运动，他通过一种共鸣将自己纳入这种运动之中去，也就是说，他凭直觉的努力，打破了空间设置在他和他的创作对象之间的界限"。

总之，柏格森在文学艺术领域有着非凡的造诣和杰出的贡献，他摘得诺贝尔文学奖桂冠可谓实至名归。不过，这一殊荣对柏格森来说却是姗姗来迟。

由于柏格森的哲学著作大量运用充满诗意、富于表现力的修辞手法，充分体现了他卓越的文学修养，早在1912年，英国皇家学会的一位会员就向瑞典文学院推荐他为诺贝尔文学奖候选人。瑞典文学院对柏格森非常关注，专门派了两位北欧的哲学家研究他的著作。两位专家经过深入细致的研究，撰写了两份研究报告，对柏格森给予了极高的评价："这位法国哲学家亨利·柏格森就好比德国哲学家叔本华一样——文笔瑰丽，没有人能超过他。""只要你能看到柏格森的作品——《创造进化论》，你就能体会柏格森在提出他的思想时，所发挥的一种天才与魅力的技巧了。他本身所具有的美丽的意象，往往含有抽象和分析的多种优点。在现代的许多思想家之中，他不仅是最具有独创力的思想家，而且大概是当代最完美的艺术家。虽然，他的哲学也遭受许多人的批评，却依然无损于其完整性。"不过，这一年的诺贝尔文学奖授予了德国剧作家盖哈特·霍普特曼，他的获奖作品为《群鼠》。

在接下来的两年里，柏格森被连续提名，但最终都未能如愿。1913年，经过一番激烈的角逐，印度诗人罗宾德拉纳特·泰戈尔以绝对优势胜出，凭借诗作《吉檀迦利》获奖。1914年因第一次世界大战爆发，颁奖暂时中止。1918年，瑞典诗人、1916年诺贝尔文学奖得主魏尔纳·海顿斯坦姆推荐柏格森为候选人。然而，由于种种原因，这一年又没有颁奖。1921年，海顿斯坦姆再度推荐柏格森，法兰西学院道德与政治科学院的十二位同事也联名推荐。但是，命运之神依然没有垂青柏格森，法国作家阿纳托尔·法郎士以长篇小说《苔依丝》摘得了该年度的桂冠。此后的几年，柏格森都未被提名。

到了1927年，柏格森终于如愿以偿。尽管这一年被提名的候选人多达三十六人，但与柏格森相比，真正具有竞争力的为数不多，只有寥寥几位。这次，柏格森以明显的优势占据上风，他在经过十五年的漫长等待后，最终迎来了喜讯。他的获奖作品是《创造进化论》，获奖理由："因为他那丰富的且充满生命力的思想，以及所表现出来的光辉灿烂的技巧。"

自1901年首度颁发诺贝尔文学奖至今，共有四位哲学家获此殊荣，柏格森是第一个获得诺贝尔文学奖的法国哲学家。在柏格森之前，世界上只有一位哲学家荣获诺贝尔文学奖，那就是德国哲学家鲁道尔夫·欧肯（1846~1926）。他于1908年获奖，获奖作品是《精神生活漫笔》。在柏格森之后，有两位哲学家获得了诺贝尔文学奖。一位是英国著名数学家、哲学家帕特兰·亚瑟·威廉·罗素（1872~1970），他的获奖作品是《哲学·数学·文学》，获1950年诺贝尔文学奖。另一位是法国著名哲学家、作家让·保尔·萨特（1905~1980），他的获奖作品是《苍蝇》，获1964年诺贝尔文学奖。

尽管柏格森是1927年诺贝尔文学奖得主，但由于1927年颁发了1926年的奖，所以1928年同时颁发了1927年和1928年两年的奖。此时的柏格森已是69岁高龄，而且身患麻痹症，无法亲自前往斯德哥尔摩出席颁奖典礼，于是委托法国驻瑞典公使阿尔曼·伯纳德代为领奖。

在颁奖典礼上，一阵阵欢呼和掌声过后，瑞典文学院诺贝尔奖委员会主席佩尔·哈尔斯特龙宣读了颁奖词（引自《诺贝尔文学奖词典》，冯奉庆译）：

亨利·柏格森在1907年的《创造的进化》中就已宣称，所有最能长存且最富成效的哲学体系是那些源于直觉的体系。相信他这番话，对柏格森体系的关注，便会立即显示出柏格森是如何丰富了直觉的发现，这种发现是通向其思想世界的入口。柏格森的学位论文《试论意识的直接材料》（1889）已显示了这一发现，提出时间并非是某种抽象的或形式的表达，而是作为永恒地关涉生命和自我的实在。他称这种时间为"持续时间"。与生命力相类似，这种概念亦可阐述为"活时间"。这种时间是动态的流动，呈现出经常的和永恒增长的量变。它避开了反映，不能与任何固定点相联系，否则将受到限制并不复存在。这种时间可由一种驱向内在本源的内省、集中的意识所感知。

与我们通常依钟表的运转和太阳的运行所测定的时间完全不同，这种时间是被精神和行为同时也是为了精神和行为所创造的形式。通过最精密的分析之后，柏格森断言它仅适于空间形式。该领域弥漫着数学的严密、确实和有限，原因区别于结果，智力涵盖世界的精神创造，环绕精神趋向自由的内在渴望筑起一道屏障。这些渴望在"活时间"里获得了满足：原因和结果在此相融，没有能被确实性预见的事物，因为确实性存在于自身单纯的行为中且只能为该行为所规定。活时间是自由选择和全新创造的领地，在此什么都只能产生一次，而绝不会以相同的方式重复。人格的历史在此诞生。这是使精神和灵魂（无论何种称呼）摆脱理智的形式和习惯，而能以内在视野感知自我本质和自我的普遍生命的真实。

柏格森在其纯粹的科学叙述中，并未谈及本能的本源——或许源自被熟练掌握和探究过的个人体验，或者源自灵魂解放的危机。我们只能推测上世纪末期占据统治地位的理性主义生物学的沉闷气氛引发了这种危机。柏格森在这种科学的影响之下成长和接受教育，当他决计着手反抗这种科学之时，已在物质世界的概念结构领域掌握了非凡的武器，具备了必要和可观的丰富学识。当理性主义之网试图禁锢生命时，柏格森试图证明动态的流动的生命可以毫无阻碍地穿网而过。

即使我有能力，也不可能在有限的几分钟内对柏格森精密广博的思想作出叙述。对于一个只具有有限的哲学意识而从未研究过哲学的人来说，绝无可能当此重任。

柏格森以活时间的直觉为起点，在其分析、概念发展和系列证明中借助了动态的流动和不可抗拒的直觉本质。人们必须遵循所有的运动，所有带来新因素的时刻。必须顺应潮流，尽可能地接受。人们几乎没有思考的时间，因为在人自身变为静态的阶段，丧失了所有与推理接触的机会。

在对决定论异常透彻的驳斥中，柏格森论证了普遍的知性（他称之为皮埃尔）不可能预知另一人格保罗的生命，除非他能够遵循保罗的经验、感觉、意志行为的所有表现形式，到了与之完全同一的地步，就像两个相同的三角形恰好重合在一起。要完全理解柏格森的读者，就必须在一定程度上使自己与作者同化，完成精神的伟力与灵性的巨大需求。

追踪作者的理论流向是有意义的。当理智滞后之时，想象力和直觉便可张扬。要想判断想象力是否被诱惑了，抑或是直觉认知了自身而使其被确信，都是不可能的。无论哪种情况，阅读柏格森总会有莫大裨益。

在柏格森迄今为止权威性的著述《创造的进化》的叙述中，他创造出了惊人宏伟的诗篇、具有广博视界和持续力度的宇宙进化论，而且并未忽视一种严密的科学术语。要从他的透彻分析或深奥思想中得益或许是困难的，但是却可毫不费力地从中获得巨大的美感。

假如人们把它视为诗篇，它便呈示出一种戏剧性。世界被两种相互冲突的趋向所创造。其中物质在其意识中展示了下降的运动；第二种则是具有固有的自由情感和永恒创造力的生命，它不断地向知识的见解和无限的视界趋进。这两种因素相互混合，彼此制约。这种联合的产物在不同的水平上分支。

首先的基本差异见于植物和动物界之间，非动的和运动的有机活动之间。植物借助于阳光贮存了从惰性物质中抽取的能量。动物则免除了这种基本努力，因为它可从植物摄取已经贮存的能量并据需要同时、均衡地释放爆发力。在较高的阶段上，动物界在损害动物界的状态下维持生命，能以这种能量的聚集，强化自身的发展。如此，进化之道变得日益多种多样，其选择绝非盲目为之。本能随着器官的利用而产生。理智的胚胎期也已存在，但对本能而言智能仍是劣等的。

居于生命顶峰的人类，理智居于支配地位，本能作用则下降了，尽管并未完全消失，它潜伏于统一了活时间之流中所有生命的意识里。本能开始在直观的视觉中活动。理智的开发期显得节制而胆怯。理智的展示仅靠本能地以惰性物质中生长的器具替代有机器具、并在自由行为中运用它们的倾向和能力上。本能对其目标颇具意识，但是此目标极为受限。反之，理智受着极大风险的约束，却趋向无限广泛的目标，趋向为人类物质和社会文化所实现的目标。无论如何理智存在着不可避免的风险，在空间世界为行为创造的理智，或许会因为从其生命概念获得的形式和对生命内在流动本质以及对统摄其永恒变化的自由保持沉默而歪曲世界映像。由此，在智力征服了自然科学的情形下，产生了对外在世界的机械论和决定论观念。

除非在我们回溯自我本源之时仍具有直觉的天赋，否则对精神的自由毫无意识，割断我们自身内部的生命源流，那么，我们便会发觉陷入了无可挽回的境地。或许人们能够运用这种直觉——柏格森学说的中心论点、他论及理智和本能时的一种才华横溢的表述——危险的但却趋向广泛可能性的方式。理智在知识的范围内具备逻辑的确定性，但像所有属于活时间的动态物一样，直觉也会毫无疑义地从其强烈的确定性中获得满足。

这是戏剧性的。创造进化论是开放的，人们发现自身被普遍生命的生命力推上了舞台并使其无可抗拒地行动，一旦达到了对自我的自由认识，能够推测和展望具有通向其他道路的无边领域的既往走过的无尽道路，究竟哪条路是人们该追寻的？

事实上人们还仅在戏剧的序幕中，而绝不是处在别的状态，特别是如果人们考虑到柏格森关于未来仅在生活的瞬间产生的概念。然而这种开端是有所缺失的。柏格森未论及自由人格中的内在意志、确定通过无法预料的曲线追踪该人格的径直方式的行为意志。他也未论及意志生命问题、绝对价值存在与否的问题。

不可抗拒的生命力的本质是什么？依照柏格森大胆而极其动人的表述，那种生命对无生命物质的猛烈侵袭，自身能超越死亡而获胜吗？当其把世间的一切力量置于我们脚下时，生命力会怎样对待我们？

无论这些问题如何复杂，人们都不可能回避。在这个特别的时刻，柏格森或许会像其以往的著述，以大胆而更有意义的尝试来解决这些问题。

仍然有一些论点要阐明。他有没有可能探索出一种适合物质的生命力来结束其对于世界的二元映像的描述？在这点上我们一无所知。但是柏格森自己提出，他的体系在许多论点上只是一个轮廓的构成，其细节要靠其他的思想家合作完成。

尽管如此，我们仍然受惠于柏格森所完成的一项重要工作：靠强行穿越理性主义的入口，解放出无法估价的创造力，打开了进入活时间的海洋的开阔通路。在这种氛围中，人类精神能够重新发现其自由并获得再生。

假如柏格森的思想框架被充分证明可作为人类精神的导引，柏格森在未来的影响肯定会比其已产生的影响更为广泛。作为文体家和诗人，柏格森的地位是同时代人不能攀比的。在严密客观的真理探求中，他的全部抱负均被自由精神所激励，这种自由的精神打破了物质强加给的奴役状态，为理想主义谋得了应有的空间。

最后，伯纳德公使代表柏格森宣读答谢词。答谢词（引自《智慧的声音》，余星著，新疆人民出版社2002年版）全文如下：

我很想尽可能以自己的声音来表达自己的感谢。我恳请慨然应允接我电文的阿尔曼·伯纳德公使代我传达这些感想。我衷心感谢瑞典文学院，它给了我这份我不敢奢望的荣誉。我对自己说，这项授予法国作家的殊荣正象征着全法国的荣耀，因此它的价值倍增，也更令我感动。

诺贝尔奖的威望来自多方面，更主要与它的理想主义和国际主义的双重性质有关。换句话说，诺贝尔奖授予有高度灵感的作品，这是属于理想主义的；就精心研究不同国家的创作，集全世界知识之大成而选择获奖者，又是属于国际主义的。审查人员不受其任何限制，只考虑作品的精神价值，在思想上确实已经置身于哲学家所说的那种精神世界，从而继承了此奖创立者的明确旨意，这就是阿尔弗雷德·诺贝尔在遗嘱中表明的："我希望对理想主义和各国人民的友爱有所助益。"而且，除了奖励在文学与科学的领域内有巨大贡献的人士外，还设立了和平奖，这更明确显示了此奖的崇高目的。

这就是伟大的思想。怀有这种思想的人才够得上称天才的发明家。而且，诺贝尔显然没有他那个时代流行的幻想。19世纪，在机器的发明方面出现了惊人的进步，因而人们都很相信这些发明会因物质产品的单纯积累而提高人类的道德水平。但是，经验已经明显地证明社会道德的改善并没有从社会生产的发展中自行出现；物质生产的扩大虽使人类生活得更自由，却不能带来与之相应的改善人类精神的努力，反而引起了各种危机。我们创造的机器是人工的器官，这种器官使我们生理器官的功能更为扩大，因而也使人类的体力趋于强大。要不断满足这种力量上的需要并对它的运动加以控制，灵魂就必须膨胀，否则均衡便受到威胁，很快就会出现极其严重的问题——社会政治问题。这些问题体现了人类灵魂和人类身体间的不均衡性，因为灵魂仍处于原来的状态，身体却特别强大。现在只举一个例子就可以说明这个问题：过去人们相信蒸汽与电力的应用会缩小各国人民在道德上的距离，但目前我们知道事实并非如此。不但矛盾没有消除，精神上的进步和以博爱为目标的更大努力也没有出现，反而有恶化的危险。因此，使灵魂相互接近，才是这个以国际主义思想和理想主义的灵魂构成的基金会的必然目标。在这种构想下，整个文明世界似乎已从纯粹的理性思维过渡到唯一的精神共和国，这就是"诺贝尔基金会"。

瑞典是具有高度理性的国家，瑞典人民也非常关心道德问题。诺贝尔基金会设在这样的国家，在这样的人们中运筹和完成，实在不值得惊异。

愈是深究诺贝尔基金会的意义，其作用就显得愈大。跟我一样，谁也难以估计它的意义究竟有多么大。在各位声名赫赫的先生面前，我要特别指出这点。

最后，如我开头所表示的，我要再次致以深深的谢意。

柏格森获得诺贝尔文学奖的消息很快传遍了全世界。法国学术界更是欢欣鼓舞，他们极力支持瑞典文学院的这一决定。有一位学者还专门向瑞典文学院发电报："非常感谢你们对柏格森的厚爱。在这儿谨向你们表达地平线上各个地点对你们的敬意。世界各国对瑞典文学院这次授奖都一致赞扬，尽管柏格森的敌对者仍然不时发布攻击之词，却无损于贵院的威信，相信也必能借此提高贵院的荣誉。"在法兰西学院道德与政治科学院举行的年会上，列维·柏胡尔教授充满敬意地说："柏格森所获得的这项荣誉由于举世的一致赞扬而显得更加光荣。尽管柏格森的对手是如此强有力的，但当瑞典文学院将此奖项颁发给柏格森时，人们并不感到意外。柏格森的巨大影响力已经扩大到整个世界，而且这一影响已使整个时代烙上了它的标记。到目前为止，柏格森著作的文学价值始终是人们公认的。研究他作品的批评家无不极力推崇他的著作所具有的严谨的、希腊式的典雅风格以及完美无瑕的文体，似乎在他的笔下一切问题都迎刃而解了。"

第 5 章

最后的岁月与生命的绵延

全身瘫痪，笔耕不辍

1922 年，柏格森出版了《绵延与同时性》一书。在这部著作中，柏格森对绵延概念与爱因斯坦相对论中的时间概念进行比较研究，在此基础之上深入阐发了自己对时间问题的见解。此时的柏格森还致力于在自己的研究领域中有新的建树，以进一步丰富和发展生命哲学思想。

然而，不幸很快就降临在他的身上。1925 年，柏格森患病使全身瘫痪，无法再站立起来。应当说，这与他长期以来的艰辛研究和繁重工作不无关系，正如他自己所言："将近十五年来，我从来没有真正休息过一天或半天。"柏格森的病情一天天加重，身体也越发虚弱，不得不辞去了国际联盟知识分子合作委员会主席等职务。尽管饱受病痛折磨，但他并没有放弃自己的研究事业，而是以最顽强的毅力与病魔进行抗争。瘫痪的身躯已经无法再坐起来了，柏格森便让家人用绳子把他系在椅子上，就这样艰难地继续写作。他的右手几乎僵硬了，每写几行字就不得不停下来，舒缓片刻再写几行，这其中的每一个字、每一句话都承载着太多的艰辛。为了节约时间、加快写作进度，柏格森改变了以往先列出全书提纲再着手写作正文的习惯，而是顺延自己思想运动的轨迹直接写出正文。苦心人，天不负。经过日复一日的艰辛努力，到了 1932 年柏格森终于完成《道德和宗教的两个来源》一书，对自己晚年时期的思想进行了集中阐述。这时，距离《绵延与同时性》出版已经过去了整整十年。这个时期的写作对于柏格森来说是极其不易的，可谓"字字看来皆是血，十年辛苦不寻常"。《道德和宗教的两个来源》出版后不久，"求真理同盟"专门组织了一次座谈会，围绕这部著作中阐述的观点展开讨论。这次座谈会气氛热烈，同盟各位成员踊跃发言、各抒己见，就书中许多重要观点交流了看法。遗憾的是，柏格森本人因健康状况恶化无法亲自参加这次座谈会，虽然他很想和大家面对面交流，但此时已是心有余而力不足了。面对学界同人的盛情，柏格森强忍病痛给"求真理同盟"的主席写了一封简短的信，向大家说明无法参会的原因并致以深深的歉意，同时对与会各位学者的热情讨论表示了诚挚的谢意。

1934 年，柏格森出版了《思想和运动》（法文版）一书。这是一本论文集，收录了他此前撰写的一批论文，包括《真理的发展》与《问题的陈述》这两篇未经发表的论文。这本论文集的序言篇幅较长，是柏格森于 1922 年写成的。该书在被翻译成英文时，书名改为《创造的心灵》。

山河破碎，哲人长逝

英国著名小说家毛姆曾经说过："大部分法国人，不管他们怎样放肆地拿宗教开玩笑，但是当一生快要结束时，他们都愿意皈依宗教。他们骨子里生来就有宗教成分。"这种说法还真有一定道理。柏格森本人也曾明确讲过他的哲学著作并不否认上帝的存在。《不列颠百科全书》对柏格森的书信内容有这样一段记载："我在博士论文中所表明的思考有助于去理解自由的真相；《物质与记忆》中所表明的思考，我希望能明确地允许去确定精神的实在性；《创造进化论》中所作的思考，则显示出创造是一个事实。从所有的这一切里，一个既是创造的又是自由的上帝概念清晰地产生出来。"柏格森虽然身为犹太人，但在晚年笃信天主教，这在他的著作《道德和宗教的两个来源》中也隐约可见。然而，为了避免助长反犹主义浪潮，他选择了与犹太人站在一起，而没有去天主教教堂接受洗礼。正如他在自己的遗嘱中所言："我的反省引导我越来越接近天主教了，我在天主教里看到了犹太教的完整的实现。……我是会成为一个改变信仰的人的，如果我不是在多年前就预见到一个可怕的反犹主义的浪潮将会在世界上突然发生。我那时就希望继续留在明天将被迫害的那些人中间。"

柏格森的确是先知先觉。1933 年希特勒在德国掌权后，极力宣扬种族优越论，开始疯狂迫害犹太人。1939 年 9 月 1 日，纳粹德国向波兰发动突然袭击，第二次世界大战爆发。1940 年 5 月 10 日，德军绕过法军重兵把守的马其诺防线，侵入法国境内。6月14日，巴黎沦陷。6月22日，法国向德国投降。出人意料的是，那位曾在凡尔登战役中崭露头角的英雄贝当，此时却充当了纳粹德国的傀儡。7月10日，贝当粉墨登场，出任维希政府的元首。同年12月，维希政府通过反犹法令，强制要求所有的犹太人进行登记。由于柏格森在法国乃至全世界声誉卓著，维希政府特许他免于登记。对此，柏格森坚决拒绝了。他选择与被迫害的犹太人同受苦难，用自己的实际行动践行了先前的诺言。

1941年1月3日，一个极其寒冷的冬日。柏格森不顾年老体弱，在家人搀扶下来到巴黎的大街上排队登记。刺骨的寒风不断吹打着他那极度虚弱的身躯，柏格森连站都站不稳了。就在排队等待的几个钟头里，他感染了肺炎，第二天就溘然长逝了。由于当时巴黎在德军的占领下，柏格森的葬礼极为简单，只有身边的几位亲人和为数寥寥的花圈，甚至连正式的悼词都没有。1月6日，法国的一些学者不约而同地来到埋葬柏格森的卡尔修墓地吊唁这位伟大的哲学家。著名诗人瓦莱里用缓慢低沉的语调朗读了他为纪念柏格森而写的悼文："当悲惨、苦恼、紧张的状态压制和阻拦了心灵的事业的时候，柏格森似乎已经属于那过去了的年代；但是，在我看来，他的名字是属于欧洲知识界最近过去的伟大名字。"一个无可争辩的事实是：柏格森当之无愧是全世界最伟大的哲学家之一，在人类思想史上享有崇高地位。

第 6 章

前期主要著述

一部亦诗亦哲的杰作：《卢克莱修文选释义》

在克雷蒙·费朗高级中学执教期间，柏格森悉心研读了古罗马著名哲学家、诗人卢克莱修的著作《物性论》，作了大量的解读和批注，后来德拉格拉夫书店将这些研究成果与《物性论》原著结集出版，书名为《卢克莱修文选释义》。由于这本书见解独到、语言优美，后期又多次再版，在学界引起了广泛的关注，特别是对激发青年研究古典文学发挥了重要作用。《物性论》是卢克莱修以诗歌的形式写出的一部哲学著作，这既是他唯一流传下来的作品，也被视为古代拉丁文作品中最杰出的一部。这部著作最显著的特点就是兼有哲学的智慧和诗歌的华丽。西塞罗对卢克莱修有着相当高的评价，他在给自己弟弟写信的时候谈道："卢克莱修的诗篇正如你所说的，显示了很多天才的光辉，更显示出大师风范。"在这部著作中，卢克莱修热情赞颂了古希腊哲学家伊壁鸠鲁。在伊壁鸠鲁的原子论中，一个最有新意的提法就是在德谟克利特所讲的原子直线运动之外加入了原子的偏斜运动。这样，原子就有了三种基本运动形式，即因重量而垂直下落的运动、稍微偏离直线的偏斜运动以及由此而产生的碰撞运动。原子偏斜运动的提出具有非同凡响的伟大意义，它否定了机械的因果关系，突破了必然性和决定论的束缚，为人的自由意志开辟了崭新的空间。卢克莱修在《物性论》中用相当的篇幅阐述了原子的偏斜运动。他这样描述道："当初原子由于自身的重量而通过虚空垂直向下坠落，在极不确定的时刻和极不确定的地点，它们会从自己的轨道稍稍偏斜。"原子出现偏斜运动的原因在于，尽管原子的重量不同，但它们在虚空中都以相同的速度坠落，因而较重的原子不可能追上较轻的原子而撞击它，原子之间就"永远不会有冲突，也不会有撞击，自然就永远不会创造出什么东西"。再者，如果一切运动都按照固定不变的秩序从先前的运动中产生出来，始基并不以其偏斜产生某种运动的新开端，进而打破命运的法则，"那么大地上的生命，将从何处得到这自由意愿，如何能从命运手中把它夺取过来"？也就是说，如果没有偏斜运动，就只能受制于必然性，没有自由意志可言。卢克莱修在这部著作中充分肯定了自由意志的地位和价值。

值得一提的是，马克思在他的博士论文《德谟克利特的自然哲学和伊壁鸠鲁的自然哲学的差别》中也对伊壁鸠鲁提出的原子偏斜运动赞誉有加。德谟克利特认为原子在虚空中只有两种运动方式：直线式下落运动和原子互相排斥引起的运动。在伊壁鸠鲁之前，人们对此一直深信不疑。伊壁鸠鲁认为还有一种原子略微偏离直线引起的运动，由此产生原子之间的缠结、结合和凝聚，进而造就了五彩缤纷的世界。伊壁鸠鲁天才地意识到排斥是倾斜的根本原因，众多原子之间相互排斥必然导致偏斜。也就是说，原子本身就是运动的根据。在没有出现偏斜之前，原子自身尚未完成。这样，伊壁鸠鲁从原子的排斥出发，将表现在直线下坠中的原子的物质性与表现在偏斜运动中的原子的形式规定，有机地结合起来了。由于伊壁鸠鲁的原子偏斜理论强调人的自由意志和反抗命运的能力，马克思特别表现出钦佩之情，称伊壁鸠鲁为"最伟大的希腊启蒙思想家"。马克思还专门援引卢克莱修《物性论》中的一段精彩诗句表达了他的赞许：

> 当大地满目悲凉，
>
> 人类在宗教的重压下备受煎熬，
>
> 而宗教则在天际昂然露出头来，
>
> 凶相毕露地威逼着人们的时候，
>
> 是一个希腊人首先敢于抬起凡人的目光
>
> 挺身而出，与之抗争。
>
> 任是神道，任是闪电，或者天空
>
> 吓人的雷霆都不能使他畏惧
>
> …………
>
> 如今轮到宗教被我们踩在脚下，
>
> 而我们，我们则被胜利高举入云。

对于柏格森来说，卢克莱修对他的影响是持久而深远的。虽然柏格森的博士论文没有直接研究卢克莱修或伊壁鸠鲁的思想，但论文的主题就是围绕自由意志展开的，而且正是这篇博士论文，首次集中阐述了柏格森的哲学思想。还有一点，就是柏格森也与卢克莱修一样，善于使用诗歌这样优美洒脱的文体来表达艰深晦涩的哲理。直至柏格森晚年，在他最后一部重要著作《道德和宗教的两个来源》里，还间或引用卢克莱修的诗句。

博士论文：《论意识的直接材料》

柏格森于 1889 年获得博士学位后，阿尔冈书店出版了他的博士论文。后来，《论意识的直接材料》一书被翻译成多国文字，多次再版。二十一年之后，也就是 1910 年，这本书在译成英文时，经柏格森本人同意将书名改成了《时间与自由意志》，中译本也沿用了这个书名。英译者还在征求柏格森意见之后将一句格言加在了这部著作的前面，这句格言是："如果有人问大自然，问它为什么要进行创造性的活动，又如果它愿意听并愿意回答的话，则它一定会说：'不要问我，静观万象，体会一切，正如我现在不愿开口并一向不惯于开口一样。'"应当说，这句格言将柏格森的这部著作的精髓表现得淋漓尽致。

全书分为序言、第一章《意识状态的强度》、第二章《意识状态的众多性关于绵延的概念》、第三章《意识状态的组织自由意志》和结论。序言字数不多，但简明扼要地表达了作者的写作意图和理论旨趣。柏格森在序言中谈到，他所要研究的是自由意志的问题。尽管自由意志是形而上学和心理学共同讨论的对象，但他要证明的是，无论是主张决定论还是反对决定论的人都混淆了绵延和广度、陆续出现和同时发生、质量和数量。在此基础之上，柏格森在第三章中阐明了他本人对自由意志的观点。前两章主要是论证过程，是作为第三章的引论存在的。

首先，柏格森对科学的时间和真正的时间作出了区分。科学的时间是指物理学、天文学上的概念或日常生活中人们所讲的时间，这是可以用钟表的运转、太阳的运行加以测定的时间。柏格森把科学的时间称为"纯一的时间"，"纯一"就是没有任何性质。这种时间的各个瞬间彼此分割，并排置列，相互外在，因而可以用数字来计量。这样，在科学的时间里就引入了空间的概念。从本质上说，这种时间就是空间，没有持续性，表现出了理性对人的束缚。毋庸置疑，科学的时间在我们的日常生活中具有必不可少的工具价值，是引导我们作出选择和安排的重要依据。但在柏格森看来，这种时间是不流动的、无生命的、冷冰冰的，无法彰显生命力，无法展现人的持续存在，不能称之为真正的时间。那么，真正的时间是什么呢？柏格森提出，真正的时间即绵延，它绝不是某种抽象的表达，而是对生命、对自我的关涉和体验。这种时间是纯粹的，不包含任何"杂物"，与空间概念无关。柏格森有时也将真正的时间称作"纯绵延"，就是为了突出它没有任何的空间属性。他说："纯绵延尽管可以不是旁的而只是种种性质的陆续出现；这些变化互相渗透，互相溶化，没有清楚的轮廓，在彼此之间不倾向于发生外在关系，又跟数目丝毫无关：纯绵延只是纯粹的多样性。"这种时间的各个瞬间有着质的差别，但又相互贯通，彼此交融，不能用数量单位进行计量。真正的时间是流动的，富有生命力，连续不断，不可逆转。这种时间彻底摆脱了理性的束缚，人们能够通过内省感知它的存在。柏格森进而指出，绵延与物质无关，绵延是意识的存在方式。他说："在我自身之内正发生着一个对于意识状态加以组织并使之互相渗透的过程，而这过程就是真正的绵延。""当我们的自我让自己活下去的时候，当自我不肯把现有状态跟以往状态隔开的时候，我们的意识状态的陆续出现就具有绵延的形式。"

柏格森还将自我区分为两种：表层的自我（或称寄生的自我）和深层的自我（或称基本的自我）。深层的自我变动不居，生机勃勃，无法用语言来名状，只能靠个体的直觉去把握。深层的自我经过折射、凝固化到纯一的空间产生影像，这就是表层的自我。在表层的自我中，各个意识状态泾渭分明，清楚明确，能够用语言加以描述。表层的自我与个体的直觉没有直接的关联，它存在的目的只是为了社会交往的需要，表层的自我在日常生活中是不可或缺的。然而，表层的自我是不真实的，唯有深层的自我才是真实的。由于我们在日常生活中使用语言文字，感觉、印象等原本不明确的心理意识形式被表述得清楚明白。于是，深层的自我转变为表层的自我，深层的自我被深深地遮蔽了。柏格森对自我作出这种区分的目的在于凸显深层的自我，尽管表层的自我有着十分必要的实用价值，但不过是深层的自我的投影而已，表层的自我必定走向深层的自我。他说："我们掌握自己的时候是非常稀少的……大部分的时候，我们生活在我们自己之外，几乎看不到我们自己的任何东西，而只看到自己的鬼影，被纯绵延投入空间之无声无臭的一种阴影。所以我们的生活不在时间内展开，而在空间展开；我们不是为了我们自己而生活，而是为了外界而生活；我们不在思想而在讲话；我们不在动作而在被外界'所动作'。要自由地动作即是要恢复对于自己的掌握并回到纯粹的绵延。"

柏格森还详尽论述了他对自由意志的理解。他首先对两种决定论进行了深刻批判，一种是物理决定论，另一种是心理决定论。物理决定论认为，宇宙由物质构成，物质由分子和原子组成，所有的分子和原子处于永不停息的运动之中。因此，一切物理的或生命的现象都可以用运动来解释和还原，支配运动变化最基本的规律就是能量守恒定律。"在神经系统内或在整个宇宙内，没有任何一个原子的位置不是决定于其他原子对它所产生机械运动的总和。如果数学家知道了某人身体内各分子与各原子在指定瞬间的位置，又知道了宇宙内一切能影响这人身体内各原子的位置与运动，则他就能把这人的过去动作、现在动作、未来动作推算得丝毫不差。"这样，一切都表现为各种现象，而现象受能量守恒定律决定，人根本没有自由意志可言。柏格森指出，物理决定论的这种解释对于物理现象、生理现象是适用的，但不能对人的意识现象照搬照套。即便人的神经系统内任何一个分子、原子的位置在各个瞬间都是被决定的，也不能推导出人的意识受运动规律的支配，更不能据此否定自由意志的存在。心理决定论同样主张将能量守恒定律适用于人的意识领域，认为意识状态相互之间、意识与行动之间存在着决定的关系，以此来否定自由意志。两种决定论的理论实质是相同的，因而柏格森针对物理决定论的驳斥同样适用于心理决定论。更为重要的是，柏格森不仅批判了两种决定论，还结合自己的研究结论深刻揭示了决定论之所以错误的根源。决定论错就错在没有真正理解"自我"，以表层的自我代替深层的自我，忽略了意识的绵延性质。在社会生活中，表层的自我遮蔽了深层的自我，出自表层自我的行为受制于种种社会因素，个人的行为无法体现自由意志。只有出于深层自我的行为才是真正自由的。当个体返回到内在的心灵，不再受社会环境的制约，自我就真正成了动作的创造者，"当我们的动作出自我们的整个人格时，当动作把人格表现出来时，当动作与人格之间有着那种不可言状的相像，如同艺术家与其作品之间所有的那样时，我们就是自由的"。柏格森指出，我们的动作之所以是自由的，归根到底是由于我们的人格是绵延的。绵延就是意识不断从一种状态过渡到另一种状态，在每一瞬间都有新的东西创造出来，不同瞬间的意识状态有着质的区别。在这里，我们不能用因果必然性规律说明动作与意识状态的关系，也无法预知这样的动作。也正是在这个意义上，柏格森说动作是自由的，"我们的动作出自一种心理状态，而这状态是独特无二的，永远不能再度出现的；我们的动作所以被宣称为自由的，正是由于这动作对于这状态的关系是无法以一条定律表示出来的"。"自由乃是具体自我对于它所做动作的一种关系。这种关系是不可界说的，恰恰因为我们乃是自由的"。

成名之作：《物质与记忆》

1896 年，柏格森出版了他耗费五年心血完成的著作《物质与记忆》（或译《材料与记忆》）。这本书的主题是探讨身心关系。众所周知，这个问题几乎与哲学本身一样古老，也是不同流派的哲学家都无法回避的话题。柏格森从一种崭新的视角出发，大量运用心理学、生理学、病理学等领域的最新研究成果，明确提出记忆是联系精神与物质的交叉点，而直觉就是这种交叉的形式。诚如他本人后来所言："我曾经向自己提出以下的疑问——心物两者关系的问题，从古至今，一直有人加以讨论，可以说是见重于世。现在，假如有一位学者，摒除成见，不受在这个问题上的种种冥思臆想的干扰；并且对于科学上的断言确辞，舍去其中一切不纯粹的东西，而使其只成为一种事实的记述；那么，他站在近代的生理学和病理学的基础上，关于心物两者间关系的问题，应当揭示出什么样的意见呢？我开始研究这个问题的时候，看到完全解决这个问题不太可能，只有缩小其范围，降为'记忆'这一方面也许可以解决。为此，我专门研究了五年，最终形成这部著作。"《物质与记忆》一经面世，便引起了巨大的轰动。美国著名心理学家、哲学家威廉·詹姆斯对该书给予了高度赞赏："像贝克莱的《原理》或者康德的《批判》一样，它引起了一场哥白尼式的革命，而且它将为哲学的发现开辟新的场所。"

这部著作由以下几部分组成：前言、第一章《论有意识呈现的形象选择 我们身体的意义及其运作》、第二章《论形象认知 记忆与大脑》、第三章《论形象的存活 记忆与思维》、第四章《形象的划分与固定 知觉与材料 灵魂与肉体》、摘要与结论。

在前言中，柏格森开宗明义地指出这本书的写作意图，即"肯定精神的真实性和材料的真实性，并且试图通过对一个明确实例——记忆的研究，来确定两者之间的关系"。材料（matter）是"形象"的集合，而"形象"是介于实在论所说的"物体"和唯心论所说的"表现"之间的存在物。"就常识而言，对象是独立存在的，而另一方面，对象本身又是存活的，就像我们观察到的那样：它虽然是形象，但它却是一种自我存在的形象。"撇开哲学家之间的争论，我们自然会相信：材料就像被知觉到的那样存在，而且由于它被知觉为形象，大脑就会把材料本身当作形象。这部著作的第一章界定了材料的性质，中间两章集中探讨全书的主题"心灵与身体的关系"，最后一章阐明结论。简而言之，柏格森致力阐发和论证的核心观点就是：记忆是大脑与材料的结合部。

在第一章里，柏格森首先假定，除了我们所面对的现象（image）外，我们对所有关于材料与精神关系的理论都不知晓。这里所说的"现象"，也是在最模糊的意义上使用的。能否获得形象，在于我们的感官是否打开，对形象的变化是否能够根据自然规律作出预判。然而，有一种形象是例外的，那就是我们的身体，我们既能通过外部的观察把握它，也能够通过内在的情感了解它。柏格森指出："在我称之为宇宙的形象集合里，不会出现真正的新东西，除了以某种特殊形象为媒介，我的身体装备了那些形象的类型。"形成思维的条件在于全部形象，然而大脑本身就是这个形象的一部分，所以人的神经系统不能作为构成宇宙形象的条件。尽管我们的知觉随着大脑实体的分子运动而变化，但这些运动本身却无法完全独立于物质世界的其他部分，"可以对这个问题作如下表述：我把我对宇宙的知觉命名为一个形象系统，某个特定的形象（我的身体）中任何细微的变化都能使它彻底警醒。这个形象占据着中心；其他一切都由它来调整；它的每个运动都改变着一切，如同转动万花筒一样。另一方面，还有些同样的形象，但它们仅仅与自身相关；它们无疑也相互影响，但其方式却是：其结果总是和原因成正比；这就是我命名为宇宙的形象"。也就是说，"同样的形象同时属于两个不同的系统：在其中一个系统里，每个形象为自身而变化，并且存在于界定明确、可以解释为周围形象真实运动的范围里。在另外一个系统里，所有形象都为了一个形象而变化，其范围也由于它们对这个特定形象的最终行动作出的不同反应而改变"。实在论与唯心论之间争论的焦点就是，这两个系统之间到底是怎样的关系？实在论试图从第一个体系出发推导出第二个体系，唯心论则沿着相反的路线进行推论。但它们的努力最终都宣告失败，因为这两个体系各自独立，不能兼容。实在论与唯心论都认同这样一个前提，即知觉具有纯粹思辨的兴趣，它是纯粹的知识。在柏格森看来，只要我们对各种动物神经系统结构进行简单考察，就能对这个前提进行证伪。知觉并非指向纯粹的知识，而是指向行动。知觉日益增长的丰富性表征不确定范围的扩大，"让我们把这种不确定性看作真实原则，并由此出发，看看我们是否无法由它推导出有意识知觉的可能性甚至是必然性来。换句话说，让我们假定那个系统由密切相连的形象组成，我们把它称为物质世界；并且想象在这个系统中，随处都有行动的中心，其代表就是有生命的材料；我们试图证明的是，在每个中心周围，都必然排列着从属于其位置并随之变化的形象；有意识知觉肯定会产生；不仅如此，我们还有可能弄清它是如何形成的"。生物总是围绕自己的活动范围进行预先估量，从而为行动的不确定性划定确定的区域。我们可以由此得出一条规律：在确切的范围内，行动估量着时间，而知觉估量着空间。神经系统的功能就在于，它指示了这种不确定性。如果我们对这种不确定性予以承认，就能合乎逻辑地推论出知觉的必然性。哲学家通常将大脑内部的过程等同于全部知觉，如果删除被知觉的对象而保留这种过程，对象的形象依然存在。然而，他们没有看到记忆的作用。知觉一旦产生必然唤起记忆，而且记忆与知觉本身一样，并不要求将某种大脑状态作为它的真实而完整的条件。

柏格森提出了如下几个事实。一是我们的感觉需要加以培养。视觉、触觉等感觉能力一开始都不能给印象定位，我们只有经过比较和推论，才能将各种印象联系起来。二是所谓"神经的特殊能量"。我们知道，不同原因作用于相同的神经会激起相同的感觉，相同原因作用于不同的神经会激起不同的感觉。因此，我们的感觉就是一些符号，感觉的机理不过是用自己的语言将空间里本质相同的机械性运动翻译过来而已。三是我们能够不知不觉地从占据着空间的表现状态进入似乎不具扩展性的情感状态。实在论和唯心论都认为，我们对物质宇宙的表现是相对的、主观的，而这种表现来自于我们。柏格森指出，这种观点根本无法解释痛苦或知觉的性质，甚至没有给我们提供丝毫的启发。在柏格森看来，痛苦是感觉神经中的一种运动趋向，"任何痛苦都必然包含着一种努力，一种注定是徒劳无功的努力。任何痛苦都是一种局部的努力，其无效性的原因就存在于这个局部中，因为有机体把其各个部分结为一体，只能做出整体的运动"。知觉既标志着我们对事物可能施加的行动，也标志着事物对我们可能施加的行动。身体作出行动的力量与知觉覆盖的范围成正比。我们与被知觉对象之间的距离仅表示一种虚拟行动。这种距离越短，虚拟行动就越趋向于转变为真实的行动。如果这个距离缩短为零，也就是说，我们的身体与被知觉对象合为一体，那么，知觉表示的虚拟行动就成了真实的行动，这就是情感。我们可以如此描述："通过让真实行动和虚拟行动真正返回其各个应用点或源头，外部形象就被我们的身体反射到周围的空间中，而真实行动被我们的身体限制在它自身的范围内。所以我们说，身体表面（它是外部与内部的共同界限）是被知觉和感觉的空间的唯一部分。"换句话说，知觉在我们体外，而情感在我们体内。外部对象存在于它们自身而非我们身体之中，不过在我们产生情感的时候就会体验到它们。柏格森认为："情感就是我们的身体内与外部实体的形象相互混合的那一部分或那一方面；而这正是我们必须首先从知觉当中扣去的东西，这样我们才能得到纯然的形象。"某些心理学家认为，感觉没有扩展性，一般意义的感觉只是一些简单的要素，我们对它们加以组织进而获得外部形象。事实上，"情感并不是知觉制造的最初材料；我们毋宁说：知觉是由不纯粹性融合而成的"。可以说，纯粹知觉是事物的一部分。"至于情感性的感觉，它并不自动地从意识深处迸发出来，以便在自身渐渐变弱时在空间里扩展其自身；它是一种具有必要变形的形象，在影响它的众多形象当中，我们每个人命名为身体的那个特殊形象对它就是主体。"柏格森进而指出："主体与对象将会在一种未扩展的知觉中联合起来，知觉的主观方面是受记忆影响的缩略，而材料的客观方面则融入了多样的连续颤动，这种知觉可以被从内部纳入其中。"其实，无论是一般意义上的生命体，还是特殊意义上的神经系统，都只是传输运动的通道而已。对材料的知觉与材料本身并没有种类差异，在基础方面，二者甚至完全相符，它们之间只有程度的不同，类似于部分和整体的关系。所以，材料绝没有什么神秘性，更谈不上具有特殊的力量。唯物论认为意识及其功能源自物质元素之间的相互作用。唯灵论在这个问题上的观点与唯物论并没有本质的区别。唯灵论所采用的手法是抹去材料赋予我们知觉的各种性质及外部表现，从而以某种神秘的实体来理解材料。柏格森在这里极力凸显记忆的特殊地位，"记忆实际上与知觉不可分割，它把过去引入现在，压缩成为由许多绵延瞬间组成的单一直觉，因而通过双重运作迫使我们实际上在我们自身里知觉材料，同时，我们在理论上在材料当中知觉材料"。柏格森在对纯粹知觉的分析中，还得出了两个似乎有点相互矛盾的结论。第一个结论相对来说清晰明了，即大脑是行动的工具，而不是表现的工具。第二个结论则比较富于形而上学色彩，即在纯粹知觉中我们将自己置于我们之外，我们通过直觉感知到对象的真实。

在第二章中，柏格森着手考察记忆理论的结果。他先是生动地描绘了记忆的机理："独立的记忆沿着时间进程连续发生，收集着一个个形象，仿佛我们的身体及其环境从来就仅仅是这些形象当中的一个，最后的形象则是我们在任意的瞬间里，从当前的总体流动中截取的一个瞬间片段。我们的身体在这个片段里占据着中心的位置。它周围的事物作用于它，它也反作用于它周围的事物。"结果就是，过去的形象总会被我们知觉到。据此，柏格森提出了三个假定。第一个假定是：过去以两种明确的形式存活，一种是运动机制，另一种是独立的回忆。这就是说，认知通过两种方式产生，要么依靠行动本身，自动激发与环境相适应的机制；要么依靠大脑禀赋，从过去中寻求最契合当前情势的表现。第二个假定是：对当前对象的认知，受对象发出的运动的影响，受主体作出的表现的影响。柏格森对此进行了详尽的分析："在每一个连续性瞬间，那些特定的形象（我把它们称为大脑机制）都中断了我过去表现的系列，它们是那些表现在当前中的极度延伸，中断了它们与真实（与行动）之间的连接。切断那种连接，你并不一定就毁灭了过去形象，却剥夺了过去形象用来作用于现实的全部手段，因而（像我们将要表明的那样）也就剥夺了它们被实现的全部手段。正是从这个意义上，而且仅仅是从这个意义上，对大脑的伤害将会毁坏任何一部分记忆。"第三个假定是：通过难以察觉的阶段，我们从时间进程中生发的回忆过渡到了运动，这些运动标志着它们在空间里的最初动作或可能动作。对大脑的损害可能影响这些运动，但不会影响这些记忆。

紧接着，柏格森从经验的角度论证了这三个命题。

（1）记忆的两种形式。以学习课文为例，有这样两种记忆：对阅读的记忆和对课文的记忆。意识向我们表明，这两种记忆有着本质上的差异："对既有阅读的记忆是一个表现，而仅仅是个表现；它被包围在头脑的直觉里，我可以随意延长或缩短这个表现；我赋予它我所喜欢的任何绵延；没有任何东西能够阻止我自发地把握这个表现的整体。"而对课文的记忆，"即使我仅仅是在头脑里重复它，也需要一段明确的时间；假如它们存在于想象中，也必定要占据时间，以便逐一展开旨在清晰表达的全部运动。这样一来，它就不再是表现，而成了行动"。我们将以上阐明的区别扩展开来，就能更好地从理论上对两种记忆进行比较研究。第一种记忆采取"记忆—形象"的模式，忠实记录了日常生活中每个时点发生的所有事情，这种记忆的最大特征是既不忽略细节也不考虑效用。不过，这种记忆有可能使我们体验到的知觉知识化，我们也总是不由自主地期盼它能带来某种进步。"然而，每个知觉都被延伸为一个初期的行动，那些形象在这种记忆里获得了自己的位置与次序以后，它们的那些后续运动就改变了机体，在身体中创造出针对行动的新配置。这样就渐渐形成了次序完全不同的体验，它在体内积累起来，一系列机制将随时准备对更大量、更多样的外部刺激作出反应，对不断增多的可能吁求做出早已准备好的回答。"第二种记忆指的是当前意识中留存的对过去努力的印象，它记录了往日所积累的全部努力。不过，它并不以"记忆—形象"的模式存在，而是遵照现实运动的要求排列好先后次序。其实，它已然在"表演"而非"表现"我们的过去了。我们之所以仍对它冠以"记忆"这个名称，不在于它保留了形象，而在于它将形象的使用效果延伸至当前。进而言之，如果我们说前者是想象，那么后者就是重复。在心理学家看来，记忆是由于重复而导致的更深印象。其实，大部分记忆都与生活中的事件和细节牵连，时间性是其最基本的特征之一，重复只是一种奢求。我们通过重复得到的记忆可谓少之又少，根本无法作为一种常态加以评述。不过，"记忆对事实的记录，类型独具的形象，却在绵延中随时产生"。对这两种记忆进行审视，似乎前者更名副其实，而后者不过是被记忆所解释的习惯，严格说来还不能算作记忆。至此，柏格森一直在分析处于纯粹状态的记忆的两种极端形式。而以往的哲学家只考虑中间状态的形式，他们从未将"记忆—形象"和运动这两种要素分离开来进行考察。

（2）关于一般认知："记忆—形象"与运动。认知的产生不能简单地归因于知觉与记忆的联想，否则认知就会完全依赖记忆形象，随着这些形象的保存而产生，也因为它们的消失而不复存在。事实上，并非所有的认知都与记忆形象有如此紧密的关系，换句话说，我们即便失去对形象的辨认性知觉，也能被唤起这些形象。柏格森认为："如果我们把这个过程推向极端，则存在一种自发的认知，身体本身就能够做到这种认知，而无须借助于任何清晰的'记忆—形象'。它存在于行动中，而不是存在于表现中。""在认知的根基之上，应当存在一种运动秩序的现象。"在谈到"认知"某个对象的时候，我们所要表达的就是学习和掌握其使用方法。而这个过程总是与相应的运动联系在一起，没有不被延伸为运动的知觉。甚至可以说，正是意识深处的这种运动趋向使我们产生了认知感。除了这种依靠运动获得的自动认知，柏格森还探讨了另一种认知，即借助"记忆—形象"规则达到的认知。二者区别在于，前者借助无意，后者则是有意。第二种认知仍然以运动为起点，"不过，在自动认知过程中，我们的运动延伸了我们的知觉，以便从中抽取有用的效果，因此它使我们离开被知觉对象；而这种认知则恰恰相反，它使我们回到对象上，而注重对象的轮廓"。

（3）从回忆到运动的渐进。认知与注意。在上述第二种认知中，记忆自发与知觉相连，知觉对记忆的面貌起着决定性的作用。柏格森分析道："外部知觉在我们身上激起的运动，要返回到被知觉对象的主要轮廓上；而我们的记忆，则指向接受相似于'记忆—形象'的知觉，它们已经被运动本身勾画出来了。所以说，记忆再度创造出了当前知觉；或者我们宁可说，记忆向当前知觉反射它自己的形象或是其他同类'记忆—形象'，因而给当前知觉加倍。如果保留下来的（或者说被回想起来的）形象没有包括当前被知觉形象的全部细节，那它就会求助于记忆的最深层、最遥远的区域，直到其他已知细节将自己投射到那些尚未被知觉到的细节上。记忆加强知觉、丰富知觉，这种运作会无休止地进行下去；而知觉因此变得更加宽广，将越来越多的补充性回忆吸收到自身当中。"

在前面两个章节里，柏格森区分了三个过程，即纯粹记忆、"记忆—现象"和知觉。这些过程相互渗透、紧密关联、不可分割。在第三章中，柏格森深入阐发了这个思想。当我们想要唤起某个记忆时，我们就能够意识到一种特殊的行动，正是借助于这种行动才得以从当前走出来，将自己置于总体的过去，继而置于过去的某个时段。于是，回忆慢慢产生出来，它从虚拟状态过渡到了现实状态。不过，回忆最深处的根仍与过去相连。进入现实状态的回忆如果没有保留原初的某些东西，如果不能明显与当前的情势区别开来，我们也会误将这个记忆当成现实。联想论的错误首先在于将各个意识状态视为孤立的、简单的元素，以元素的堆积来取代变化的连续性。殊不知，每个状态都蕴含着前后相继的某些东西，彼此之间绝不是完全分离的，它们总是以一种融合的状态呈现出来。不仅如此，联想论所持的方法论也是根本行不通的。它总是将自己置于现实状态中，在已经现实化的东西里寻求过去的标记，这种努力无疑是徒劳的。只有置身过去之中，我们才能真正到达过去、真正了解过去、真正把握过去，这才是唯一可行的路径。

过去与当前之间存在着本质的差异。"我的当前"是指那些能够激发我的兴趣、促使我积极行动的东西。比较而言，"我的过去"却不具有这种力量。需要明确的是，这里所说的"当前"或"过去"都不是数学上的时刻，而是占据一定绵延、真正的、具体的、活生生的时间。被称为"我的当前"的精神状态，既是对过去的知觉，也是对未来的确定。因此，"我的当前"就是一个有机联系的整体，过去是感觉，未来是行动，而感觉必须被延伸到行动中。换句话说，我对自己身体的意识就是"我的当前"，因为身体具有空间扩展性，既能感觉又能行动。

柏格森指出，大脑有两种既相互区别又密切联系的运作过程，其中一种的作用是分辨出个体，另一种的功能在于构成类。不过，我们并不要求这两个过程做到同步运行，"第一种过程仅仅需要记忆的介入，这个过程产生于我们体验的起点；第二种过程则无限制地不断进行，而永远不会达到自己的目标。第一种过程在稳定形象的成型过程里逐渐出现；而第二种过程则出现在不稳定的、极易消散的表现里"。

在柏格森看来，联想论的理论缺陷非常明显。的确，大脑产生的任何一个表象，都与先前的精神状态有着某种相似性，甚至存在接近性。但除此以外，我们并没有获得更多的知识，我们根本不清楚所谓"联想"的运作机制到底是什么。即使两个表象是前后相继的关系，联想论也无法解释一个表象何以能够激发出另外一个。我们应当努力去阐明的是，当前知觉为什么会从众多记忆中选定一个并将它抽取出来。对于这个核心问题，联想论竟然避而不谈。柏格森进而指出："全部事实，全部相似性，都在支持着这样一种理论：它将大脑仅仅视为感觉和运动之间的中介；它在感觉和运动的汇合中，看到了精神生活的突出顶端，因而认为身体具有指导记忆朝向真实的独特功能，具有将记忆和当前密切联系在一起的独特功能；它将记忆本身视为绝对不依赖于材料。"

在前三章中我们了解到，身体有一种基本的功能，即为了行动而限制精神生活。对于表现，身体只是一个选择器，它并没有产生智能的作用。身体根据自身在各个瞬间占据的位置，向我们指出材料中能够被把握的那些东西，我们的知觉始终将自身限定在能够对我们的感官造成实际影响的对象上。身体没有储存记忆的本领，它所能做的只是在众多记忆中进行选择，最终将那些符合我们目的的有用记忆带回意识中。

在第四章里，柏格森着力探讨了灵魂与身体的结合问题。这是一个长期以来悬而未决但又始终无法回避的重要问题，"这个问题在所有学说中的模糊性，来自这样一种双重对比：一方面，我们的理解力在扩展性知觉和非扩展性知觉之间建立了对比。另一方面，我们的理解力也在性质与数量之间建立了对比"。柏格森在这个问题上既不接受唯物论，也不赞同唯心论，他提出了同一个证据对这两种学说加以驳斥，"即意识的证据，它向我们表明：我们的身体是众多形象中的一个形象，而我们的理解力就是一种分解功能，一种区分功能，一种进行逻辑对照的功能，而不是一种创造功能或者建构功能"。柏格森在这样做的时候，其实已将二元论推向极端，从而开辟出一条崭新的研究道路。他先从纯粹知觉开始分析，既然我们将大脑状态视为行动的起点而不是产生知觉的条件，我们自然就把所知觉到的物体形象置于我们身体形象之外，我们的知觉也就成为物体的一部分了。这样的分析会导致一个结论，即我们能在空间扩展性的概念中看到扩展性和非扩展性彼此沟通的途径。接着，柏格森探讨了纯粹记忆。由于"我们已经从大脑状态里把纯粹回忆明确地分离出来，这种大脑状态延续纯粹回忆，并且反映了它的有效性。所以，记忆绝不是材料的一种发散；恰恰相反，作为被具体知觉（它总是占据一定的绵延）所把握的东西，材料大多是记忆的工作"。正是通过对纯粹记忆的分析，柏格森很好地解决了性质与数量之间的矛盾。

在前面分析的基础上，柏格森得出了如下结论：（1）每个运动，只要是作为两个静止点之间的中间过程，就绝对是不可分的。（2）存在真实的运动。在运动和静止之间我们没有选择的权力，不管运动的内在性质如何，运动本身都是一个无可争辩的事实。（3）一切将材料分割成轮廓绝对明确的独立实体的划分，都是人为的划分。（4）真实运动是状态的转变，而不是物体的转变。

柏格森最后指出，在纯粹知觉中，精神是能够与材料结合在一起的。当然，二者之间存在本质的区别，"精神（即使与材料结合）是一种记忆。换句话说，精神是过去与当前针对未来的综合体；在这个综合体当中，精神浓缩了这个材料的各个瞬间，以便应用它们，并且借助行动表现其自身，而这些行动则是精神与身体相结合的最终目的"。

《笑》：人为什么要笑

1900 年，柏格森的美学专著《笑》出版了。对于"笑"这样一个在日常生活中司空见惯的事情，我们还需要从理论层面进行探究吗？人为什么要笑？这似乎是个非常简单的问题，其实不然，不经过一番深入细致的考察是无法真正理解"笑"的。柏格森从生命冲动、绵延等理论出发，以莫里哀、塞万提斯、狄更斯等人的作品为论据，深刻揭示了喜剧的根源和笑的社会意义。柏格森对"笑"的开创性研究引起了巨大反响，这部著作在 1924 年已出到第 23 版就是证明。据有人统计，在 1923 年以前讨论笑和喜剧这个问题的书籍，有三百几十种之多，然而在这样众多的书籍中，能在二十四年中重印二十多次的，也就只有柏格森的《笑》了。

全书由序和三章构成：序、第一章《泛论滑稽——形式的滑稽和动作的滑稽——滑稽的扩张力》、第二章《情景的滑稽和语言的滑稽》、第三章《性格的滑稽》。

柏格森在序言中作了说明，这部著作是由他发表的三篇关于"笑"（说得更精确些，应该是关于"由滑稽引起的笑"）的论文汇集而成，分别发表于《巴黎评论》1899 年 2 月 1 日、2 月 15 日和 3 月 1 日。柏格森还提出了研究"笑"这个问题的两种方法。第一种方法的目的在于决定滑稽的制造法，第二种方法的目的在于将各种滑稽效果纳入一个公式，这两种方法并不彼此排斥。但在柏格森看来，只有第一种方法包含了科学的精确性和严密性，他本人在这本书中所使用的也正是第一种方法。

在第一章中，柏格森开门见山地提出了问题：尽管"笑"是个小小的问题，但人们却一直没有获得真知，这个问题"对哲学的思想提出傲慢的挑战"。他在这本书中研究这个问题，绝不是给"笑"下个定义就简单了事，而是"不管它是如何微不足道，我们也要以对待生活同样的尊敬来对待它。我们所做的将限于观察它如何成长，如何开花结果"。柏格森首先提出三个观点。（1）在真正是属于人的范围以外无所谓滑稽。也就是说，"笑"必须要与人相关联，纯粹的物本身不会导致"笑"。比方说，单纯的自然景色有美有丑，但不存在可笑的地方；我们通常笑一个动物，无非是从动物身上看到了人的表情或动作；我们看到一顶帽子会发笑，并非因为帽子的材质本身，而是人们制作帽子的样式，是人们赋予其中的古怪想法。（2）通常伴随着笑的乃是一种不动感情的心理状态。笑的最大敌人就是情感，人们只有在纯粹理智，无动于衷的时候才会产生"笑"。当我们仅仅作为一个局外人来看待生活，其中的许多场景就变得十分滑稽。柏格森举例说："在舞厅里，我们只要把耳朵捂上不去听那乐音，立刻就会觉得舞客滑稽可笑。"（3）这样一种智力活动必须和别人的智力活动保持接触。笑需要有回声，笑总是一个群体的笑，孤立的人是无法真正体会到滑稽的。当我们坐火车或者在餐桌上听到一群人在讲笑话时，只有我们参与其中才会和他们一起开怀大笑，而如果我们置身事外的话就不会发笑。这就是说，"笑必须适应共同生活的某些要求，笑必须具有社会意义"。在这三个观点的基础上，柏格森指出："当一群人全都把他们的注意力集中到他们当中的某一个人身上，不动感情，而只运用智力的时候，就产生滑稽。"

　　接着，柏格森通过举例的方式给我们以具体生动的呈现。一个人在奔跑中被石头绊倒和一个生活有条理的人被别人恶作剧戏耍，其共同点在于需要集中精力和灵活应变的时候，却因为惯性仍然循着原先的运动方式继续下去，结果引起滑稽的现象。如果说这两种情况是偶然性的外部因素引发的，还不足以说明滑稽的内在原因。那么，当一个人沉浸在过去或想象中而没能适应变化的现实，从而作出不合时宜的言行，这样，滑稽的材料和形式、原因和机会就很好地统一起来了。喜剧作家塑造人物、制造喜剧效果，常常就以人物的心不在焉作为笑料。并且，人们对这种心不在焉的原因、过程、结果了解得越为详细，我们就越发觉得这种可笑是那么的自然。柏格森还发现人的品质方面的某些缺点是喜剧的重要诱因，这也是喜剧和正剧的根本区别之一。在正剧中，人的缺点与人物本身浑然一体，缺点自身容易被人们忽视和遗忘，凸显出来的只是具有这些缺点的人物。正剧往往也是以人物加以命名，比如《斯卡纳赖尔》《乔治·唐丹》等。而喜剧恰好相反，人物本身充其量是被操纵的木偶，舞台的中心是人物的缺点，这种缺点才是操作木偶的线绳。作为观众，我们与喜剧作者一样，掌控着戏耍木偶的线绳。这一点从喜剧的名称也能窥见一斑，比如《吝啬鬼》《赌徒》等。柏格森指出，这种令人发笑的原因仍然是一种自动机械的动作，与前面所讲的心不在焉十分相似。这样，笑的根源就可以初步归结为机械动作和僵硬性。

　　柏格森指出，生活和社会需要人们随时保持高度的注意和灵活，必须具备紧张和弹力这两种力量。如果我们的精神缺乏这两种力量，就会导致心理上的缺陷甚至精神错乱，出现与社会离心的倾向，从而无法适应社会生活的要求。社会面对这种使它不安的离心倾向，就借助于"笑"这样的方式来应对，"笑通过它所引起的畏惧心理，来制裁离心的行为，使那些有孤立或沉睡之虞的次要活动非常清醒，保持互相的接触，同时使一切可能在社会机体表面刻板僵化的东西恢复灵活"。个体在身体、精神、性格等方面的僵硬导致滑稽，笑就是社会对它的惩罚，目的就是要社会成员始终保持良好的弹性和张力。在这个意义上说，笑具有改善社会关系的功利目的，喜剧也因此与纯粹的美学相区分，喜剧始终摇摆于艺术和生活之间。

柏格森进而分析了滑稽的面部表情，"它使我们想起那是普通活动自如的颜面上的某种僵化了的、凝固了的东西。我们看到的是一种凝固了的肌肉痉挛、一个固定的鬼脸"。滑稽的面部表情是单一的、确定的，只是作为这个表情本身。滑稽的面部表情如果与心不在焉结合起来，滑稽的效果还将被放大。漫画的滑稽性可以这样解释：再完美的颜面中也能找出瑕疵，漫画家的工作就是把这种不易察觉的缺陷以十分夸张的方式予以放大，从而变成令人感到滑稽的鬼脸。柏格森还从物质与意识相互作用的层面对滑稽进行了探讨。精神总是要意图赋予物质以一定的形式，或者说注入一定的灵气（柏格森称之为"雅"）。而物质却并不买账，它总是意图将灵气化为僵硬，将灵活化为笨拙，将生动化为凝固，"进而迫使整个人具有这样一种姿态，显得他专心致志地陷入某种机械性的事务而不能自拔，却不争取在与生气勃勃的理想接触之中使自己不断革新。

凡是在物质能够像这样子从外部麻痹心灵的生命，冻结心灵的活动，妨碍心灵的典雅的地方，它就使人的身体产生一个滑稽的效果"。因此，有人将美作为滑稽的对立面是不恰当的，滑稽应当与"雅"对立。

再来看姿势和动作的滑稽。柏格森认为其中的道理非常简单，"人体的体态、姿势和动作的可笑程度和这个身体使我们联想起一个简单机械装置的程度恰恰相当"。对于这一点，漫画家的作品已经提供了最好的证明。再以演说家为例，在柏格森看来，人的思想、意识是不间断的，始终不停地变化流动着，而人的体态和动作却做不到这一点，只能单调地加以重复，类似于自动运行的机械装置，二者的不一致、不协调就会导致滑稽。模仿别人的姿势也是这个道理，模仿姿势只能达到某种机械的一致，不可能与时刻变动的心灵相契合，所以变得滑稽。如果将模仿姿势与人们熟知的某种机械性操作联系起来，模仿的滑稽性就会更加凸显。因此，以机械僵化的手法来绑架生动活泼的生活，就会引人发笑，这也正是喜剧力量的源泉。

在以上的阐述中，柏格森已经将"笑"的原因用一种公式的形式表述得非常清楚。不过，他却并没有止步于此，他还要在沿着这样一条笔直大道前行的时候，看看途经各个路口的景况，然后再沿着原初的路径走下去，这样会理解得更加深刻，也更加丰富。柏格森提出"镶嵌在活的东西上面的机械的东西"，就是这样的路口。基于这样的思考，就应当朝着三个方向进行探索。第一，"活的东西和机械的东西掺杂在一起这样一个景象，把我们的注意力吸引到一个比较模糊的，带有某种僵硬性的形象上去"。比方说，某个人穿上一套早已过时的衣服，我们的目光就会被吸引到他的衣服上，会觉得衣服和人不搭，会说他化装了。在这里，柏格森提到了"化装"这个概念。他认为，化装"是引人发笑的能力的正式代表"，"化了装的人是滑稽的，被别人认为是化了装的人则更加滑稽，推而广之，不仅是人的化装，而且社会的化装，甚至自然的化装也都是要变得滑稽的"。掺进自然界中的机械动作和社会中的刻板的法规是两类可笑的效果，如果将二者结合起来，结果就是人为的法规代替了自然的规律。第二，滑稽产生的原因是活的身体僵化成了机器。身体的物质性覆盖了精神的活力产生滑稽，即"凡与精神有关而结果却把我们的注意力吸引到人的身体上去的事情都是滑稽的"。因此，悲剧尽可能避免把人们的注意力转移到主人公的物质方面，尽量不对主人公的肢体动作进行描述，甚至连"坐下来"这样一个简单的动作都可能将悲剧转化为喜剧。对"身体支配精神"进行延伸理解，我们可以得出结论，"形式想支配实质，文字和精神抬杠"。第三，在"镶嵌在活的东西上面的机械的东西"中，"活的东西"指人，"机械的东西"指物，从人到物的瞬时转变就是引人发笑的原因。也就是说，"凡是一个人给我们以他是一个物的印象时，我们就要发笑"。就像马戏团的小丑，他们通过自己的形象和动作力图表现滑稽效果，从而映入观众眼帘的不再是一群有血有肉的人，而是某种物的形象。再比如，在拉毕史的剧本中，一位叫贝立雄的先生在上火车时，这样清点随身携带行李，"四、五、六、我老婆七、我女儿八、连我九"。这样的事例比比皆是。

在第二章里，柏格森集中探讨了情景的滑稽和语言的滑稽。他从分析儿童的游戏开始，儿童在心目中赋予木偶以生命，最后达到一种境界，木偶虽然还是木偶，但同时已成为活生生的人。透视儿童心中这种不知不觉的过程，我们认为喜剧的情景也是与之类似的，"凡是将行动和事件安排得使我们产生一个幻象，认为那是生活，同时又使我们分明感觉到那是一个机械机构时，这样的安排便是滑稽的"。

柏格森分别列出三种游戏类型：弹簧魔鬼、牵线木偶和雪球。一种是弹簧魔鬼，这是儿童经常玩耍的一种游戏，把玩具魔鬼按进箱中，它马上就在弹簧的作用下又跳上来。许多喜剧经常使用这种手法，即重复，"在言语的滑稽性的重复中一般有两样东西，一个是被压制的情感，它要像弹簧那样弹跳起来，另一个是一个思想，它把情感重新压制下去以自娱"。在喜剧的主人公中，如果同时具有两重性的性格特征，这两种性格相互对立又统一在这样的一个人身上，始终在两者之间机械摇摆，于是，"活的东西"里面的"机械的东西"就栩栩如生地展现出来，滑稽也因此产生。另一种是牵线木偶。喜剧中人物以为自己在自由地表达和行动，而实际上往往被别人牵线操纵，类似于儿童玩的牵线木偶。自主的意识、自由的选择，总是与生活中的庄重严肃联系起来，而与滑稽无缘。因此，必须设想表面上自由的背后都有着木偶的牵线，于是一切严肃的事情就会变得滑稽。还有一种类型是雪球。谈起雪球，我们都不陌生，浮现在我们面前的会是：起初很小，越滚越大，最后达到无以复加的地步。由此出发，我们至少可以引申出这样两点认识：在喜剧中，连续不断的镜头表现出某个事件机械地引发了越来越严重的关系改变；人物在千方百计追求某物时，明明快要到手又从指缝间溜走。柏格森在阐述三种游戏类型之后作出总结："滑稽乃是人和物相似的那一方面，是人的行为以特殊的僵硬性模仿简单而纯粹的机械活动、模仿自动机械动作、模仿无生命的运动的那一方面。"如前所述，这表现出了人的某种缺陷，而笑就是社会采取的纠正手段。

柏格森分别阐述了喜剧的三种手法：重复、倒置和相互干涉。当然，这些手法并不总是单独运用于喜剧中，往往是被综合采用的，以谋求最佳喜剧效果。不过，柏格森在这里研究的是这三种独立的、纯粹的手法。首先来讲重复，喜剧时常运用重复的手法，即让同样的事件在不同的环境中重复出现。再来看倒置，简而言之，这种喜剧手法就是将情景颠倒过来，将角色进行调换。我们经常看到的"贼被偷""搬起石头砸自己的脚"等讲的就是这个道理。还有一种被广泛使用的喜剧手法就是相互干涉。柏格森是这样下定义的："当一个情景同时属于两组绝不相干的事件，并可以用两个完全不同的意思来解释的时候，这个情景就必然是滑稽的。""误会"就是这种喜剧手法的一种比较常见的表现。当然，不管采取何种喜剧手法，最终的目的只有一个，那就是使生活机械化。

柏格森接着分析了语言的滑稽。他指出，语言的滑稽不过是动作滑稽与情景滑稽的投影，因此我们的研究还是从这两者出发，将其中制造滑稽的手法发掘出来，再运用到语言中。第一，僵硬或惯性是滑稽的根源之一，不仅动作和体态中有，语言中也有僵硬的东西，"在陈词滥调中插进荒谬的概念即得滑稽的语言"。第二，如前所述，"凡与精神有关而结果却把我们的注意力吸引到人的身体上去的事情都是滑稽的"。这条规律对语言同样适用。语词有本义与转义之分，本义一般对应物质，转义通常指向精神。柏格森指出："当一个表达方式原系用之于转义，而我们硬要把它当作本义来理解时，就得到滑稽效果。也可以这样说：一旦我们的注意力集中到某一暗喻的具体方面时，它所表达的思想就显得滑稽了。"第三，重复、倒置、相互干涉是喜剧常用的手法，语词的滑稽也是如此，"如果一句话被拧了过来而仍旧保持一个意义，或者如果它能毫无差别地表达两组互不相关的意思，或者如果这句话是由于把一个概念移到它本来没有的色彩而得来的，那么这句话就是滑稽的"。

在第三章中，柏格森着重探讨了性格的滑稽，这也是他本人认为最为重要的研究内容。这是因为，柏格森"深信笑具有社会的意义和价值，深信滑稽首先表示人对社会的某种不适应，深信除了人以外无所谓滑稽，因此我们研究的对象首先是人，是人的性格"。柏格森认为，滑稽的确是源于人的缺点，不过这里所说的缺点并不是与社会的道德要求相悖，而是不适应社会，与社会格格不入。我们所要做的就是对这些缺点进行研究，究竟是哪些缺点可能是滑稽的。这些缺点与程度的轻重没有直接的关系，只是必须要以我的"无情"为前提，也就是说，一种缺点成为滑稽可笑，绝不可以激起我的感情，我必须对它无动于衷。如果我对它感到怜悯、恐惧等时，我绝不会笑。除了"人物的不合社会和观众的不动感情"以外，还有第三种条件即机械作用，只有机械地完成的事情才是根本可笑的。

柏格森认为，喜剧的最大特点在于提供"一般的类型"，并且它也是各种艺术形式中唯一以"一般性"为目标的艺术，这也体现了喜剧与其他艺术形式的根本区别。正是在这个意义上，柏格森主张"喜剧处于艺术与生活的边缘"。他首先分析了艺术的目的。生活以实用为指向，功利性是现实生活的根本特征，人们总是追求和接受符合利益要求的、对人有用的事物和印象，对其他的事物和印象则变得模糊和暗淡。于是，我们看不见事物的本身，我们看到的只是贴在事物上面的标签。语言则加剧了这种源于需要的倾向，语言记录下的只是事物最一般的功能和最无关紧要的方面。而艺术则截然不同，"无论是绘画、雕刻、诗歌还是音乐，艺术唯一的目的就是除去那些实际也是功利性的象征符号，除去那些为社会约定俗成的一般概念，总之是除去掩盖现实的一切东西，使我们面对现实本身"。艺术还总是以个人的东西为对象的，是某一个人心灵的活动，是情感和事件一个有生命的组合，"总之，是出现一次就永不重演的某种东西。我们无法给这些情感加上一般的名称；在别人心里，这些情感就不再是同样的东西。这些情感是个别化的情感。正是由于这个缘故，这些情感才是属于艺术的情感，而一般事物、符号甚至于类型，都是我们日常感觉中的家常便饭"。人们之所以产生误会是由于混淆了事物的共同性与我们对事物所作判断的共同性。我们可以共同承认某种情感是真实的，但这并不等同于这就是一个共同的情感。比方说，哈姆雷特这个人物为大家所普遍接受，人们认为他具有普遍的真实性。但是，我们对他感兴趣和认可的原因在于这个人物的独特性。事实上，一切艺术产品都是独一无二的。

柏格森指出，喜剧展示的是具有相似性的东西，目的在于表现和创造一些人物类型。这样，我们就能很好地理解为什么喜剧总喜欢冠之以一些专有名词，如《吝啬鬼》《赌徒》等。悲剧则着力刻画出独一无二的个体，就有点类似于我们常说的"幸福的家庭总是相似的，不幸的家庭却各有各的不幸"。这一点从观察方法上的差异就能体现出来。把"观察"这个词语用在悲剧诗人身上可能本身就不恰当，因为悲剧诗人的观察不是从外部进行的，而是深入内心进行观察的，"他进行内心观察时所付出的努力是如此巨大，以致能捉到潜在于现实之中的东西，并能把自然留在他心中的处于素描或轮廓状态的东西重新捡起，把它补足成完整的作品"。喜剧作家恰恰相反，他们总是致力于从外部进行观察。因为，深入内心观察无疑会损害外部效果的滑稽性。此外，喜剧的观察是以一般的、共同的东西作为对象，由于其目的在于有意识地取悦人，所以许多喜剧作品属于艺术的范畴。但喜剧的主要功能并不在此，"它不像纯粹艺术那样毫无功利观念。在组织笑的时候，喜剧把社会生活当作笑的自然环境，甚至于依从社会生活的某种冲动。在这一点上，喜剧又同艺术背道而驰，因为艺术是与社会的决裂，艺术要回到纯朴的自然"。

那么，一个理想的滑稽的性格倾向是怎样产生的呢？柏格森对人的虚荣心进行了分析。他认为，虚荣心是一种自我欣赏，以想象中别人对自己的欣赏为基础，因而是社会生活的产物。虚荣心是人可笑的缺点，而笑正是纠正这一缺点的良药，通过提醒人充分意识到自己，进而以自觉的行动换取最大可能的合群性。他接着讨论了由于社会分工带来的职业特点，这主要表现为职业性的虚荣心和职业性的无情。使某一职业滑稽化的简便方法就是，把这个职业的行话用到日常生活中去。不仅如此，将职业性的特定逻辑用于职业之外的其他地方也会产生滑稽效果。

柏格森提出，滑稽人物和滑稽人群有着特有的逻辑。在有些时候，这种奇特的逻辑很可能产生出荒谬来。"在滑稽中看到的荒谬，并不是普通的荒谬，而是一种特定的荒谬。这种荒谬不能创造滑稽，倒不如说它是从滑稽当中派生出来的东西。它不是因，而是果，是一种非常特殊的果；在这果里，反映着产生这个果的因的特殊性质。"如前所述，滑稽人物由于思想或者性格的固执，由于心不在焉，由于机械作用而犯错误。他们不是根据事物来调整自己的思想，而是要事物屈从于自己的观念。我们经常在精神错乱症中看到这种倒置，但真正的精神错乱是一种病症，病会引发我们的怜悯情绪，这与笑是格格不入的。那么，什么样的精神状态既有着这种奇特的逻辑，又与精神错乱相似呢？柏格森认为只有梦境，"滑稽的荒谬与梦境的荒谬具有同样的性质"。任何概念的游戏都能使我们发笑，只要它或多或少让我们想到梦中的东西。比如说，我们所笑的推理规则就是我们知道它错误，但如果在梦中听到又信以为真的推理。还有，在一连几个梦中可能会重复出现同样的形象，而每次都有一种可以讲得通的意义。在喜剧中，我们时常也能看到某些重复效果具有梦中那样的景象。不过，有一种精神错乱是梦所特有的。在梦中人看来是非常自然的特殊矛盾，在清醒的人看来却是与理性根本相悖，以至于无法使缺乏这种经验的人对这些矛盾获得明确完整的概念。

如前所述，笑是社会纠正个体行为的手段。如果说滑稽是对社会的无礼，那么笑就是更大的无礼，是以怨报怨。对于可笑事物，我们的第一反应是参与其中、混入滑稽之中来得到片刻的休息。不过，这种反应只是转瞬即逝的，我们会立即放弃这样的念头，转而去制止、去纠正。"笑是用来羞辱人的，它必须给作为笑的对象的那个人一个痛苦的感觉。社会用笑来报复人们胆敢对它采取的放肆行为。如果笑有同情和好心，它就不能达到目的。"因此，尽管笑能起到有益的作用，能有助于改掉缺点，但不能说笑就是从善意出发的，更不能说笑能体现公平无私。笑之中不乏扬扬自得，彰显了利己主义的因素。柏格森最后指出，笑体现了社会生活表面存在的紊乱，随着社会的日益完善，人们的适应能力越来越强，社会更加趋于平衡，可笑的事物也将随之减少，笑的使命也就圆满完成了。

第 7 章

生命哲学思想的集中阐释

承前启后的新坐标：《形而上学导言》

《形而上学导言》最初发表于 1903 年 1 月的《形而上学与道德评论》上。这篇论文蕴含了柏格森前期著作的主要思想，其后期著作特别是《创造进化论》中的一些基本观点也有所呈现。可以说，这篇导言起到了一种承前启后的重要作用，堪称导言的典范。要准确把握柏格森思想的发展脉络，这篇导言是不可逾越的必读书目之一。其地位恰如它的英译者所言："凡想全面阐述柏格森先生的哲学的人，都要详尽地引证这篇论文；也正是由于这个原因，为了谈得上对这篇论文的作者的论点有充分的理解，这篇论文是不可不读的。"特别需要提及的是，柏格森思想体系的一个重要概念"直觉"，在导言中得到了十分详尽的阐述。柏格森反对笛卡儿以来在法国已根深蒂固的理性主义，他认为理性无法认识世界的本质；他也不赞同鼓吹感官经验的经验主义，他认为经验只能认识事物的表象却无法把握本质。柏格森对直觉进行了深入探讨，主张人只有依靠先天的直觉才能感知和把握世界的本质。

根据观察基点或参照系的不同，柏格森首先指出了两种截然相反的认识方法，一种是站在对象之外观察对象，另一种是进入对象内部把握对象。前者只停留在相对的领域，而后者则能把握到绝对的东西。以小说中塑造人物为例能够很好地说明这一点。如果作者将人物的性格及各种特点叠加在一起，可以描绘出一个故事的主人公。显然，这种方式失之肤浅，充其量只是象征性地表达人物的符号，没能达到对人物本身的同一状态。人物的本质是内在的东西，不可能用符号来表达，无法从外部真正感知到。只有深入对象内部，"有一刹那能使自己与主人翁本身同一起来，我就会体验到一种单纯而不可分割的感受，这种感受是与作家的上述这一切描述不等值的。对我来说，人物的言行举止之出自这种不可分割的感受，犹如涓涓不息的泉头。它们不再是偶性，这种偶性加于我对人物业已形成的观念之上，并使这个观念不断丰富，然而却永远不会使它完满。这个人物是我一下子整个地把握到的。对我来说，体现他的成百上千的偶性不是加于这个观念之上，从而使这个观念丰富，恰恰相反，它们脱离了这个观念，然而这并不会穷尽这个观念的本质或者使本质贫乏化"。由于构成人物本质的东西与其他一切事物不可通约，因此无法从外部通过观察的方法获得，只有与人物本身融合，才能真正把握对象的本质。同理，将全方位拍摄城市的照片连在一起无法完全反映现实的城市，翻译出来的文字无论多么贴切，也无法完全达到原文的意境。

也就是说，对象的肖像永远不可能完满，只有融入对象与之同一才能达到完满。换句话说，对象的本质不可分割、无穷枚举，只有绝对的东西才能与无限的东西同一。

从了解事物的方法来看，分析的方法无法把握绝对，只有直觉才能真正达到与对象同一，从而获得真理。那么，什么是直觉呢？柏格森认为："所谓直觉，就是一种理智的交融，这种交融使人们自己置身于对象之内，以便与其中独特的、从而是无法表达的东西符合。"而分析却是将事物归结为不同于自身的某种东西的函项或要素，"因而，任何分析都是一种复制，一种符号的发挥，一种从连续观点所取的肖像，从这种连续观点出发，我们尽可能地指出我们正在研究的新对象与我们相信已为我们所知的其他对象之间的相似"。分析的方法能够无限地接近对象，但永远无法达到对于对象本质的认知。实证科学采用的基本方法就是分析法，运用符号来研究对象。形而上学则不同，"这种方法绝对地掌握实在，而不是相对地认知实在，它使人置身于实在之内，而不是从外部的观点来观察实在，它借助于直觉，而非进行分析。简单地说，它不用任何表达、复制或者符号肖像来把握实在。因此，形而上学就是一门不用符号的科学"。

柏格森指出，我们把握绵延的自我就是运用直觉的方法。如果说我们不能达到与对象的交融，至少我们能与自我交融。当我们从内部静观自我时，首先感受到从物质世界及至自我的知觉，这些知觉清楚明白，但只是凝固于外表的皮壳。进而我们会感受到记忆，记忆与知觉相区别但又依附于知觉，仍然处于我们心灵的表层。当我们继续深入，把自我从边缘引向中心，我们将会发现那"最齐一、最长久、最绵延的自我的东西"。这就是生命之流，它是一种状态的连续，每一状态既包括既往也预示未来。我们无法说出其中某一状态于何处开始，又于何处终止，它们全都彼此延伸。一切现实形象的比喻都无法完全呈现绵延的丰富色彩，"内在生活同时具有质的多样性、进步的连续性以及方向的统一性。它不能用形象来表达"。那么，概念能不能表达绵延呢？我们知道，概念是它们所表达的对象的符号，将一个个概念排列起来，似乎可以获得绵延的真实的肖像。其实，这只是一种错觉。概念的排列只是对对象的一种人工构造，它们只能以符号的形式表示对象某些一般特征。再者，概念用一种特殊的特性为无限多的事物共有的办法来使这种特性符号化，从而扩大了特性的范围。因此，概念也不能表达绵延，概念提供给我们的只是实在的阴影而已。绵延只有在直觉中才会直接呈现给我们，它永远不会包含在概念的表象中。形而上学需要概念，但又必须超越概念，特别是摆脱僵化的、现成的概念，它需要创造出一种崭新的概念。

心理学与其他科学一样，以分析方法进行研究，"它将最初作为单纯的直觉给予它的自我分解为感觉、感受、观念等它所单独进行研究的东西。这样它就以一系列构成心理学的事实的要素来代替自我"。诚然，正是通过分析和抽象才有了心理学的发展。心理学家所采取的方法是这样的：他们在开始时撇开不能用已知的和共同的名词表达的人格的特殊色彩，然后尽力在这个已单纯化的人中将某些本身就值得研究的方面孤立起来。经验主义者和唯理主义者都陷入此种谬误，即将部分的标记当作实在的部分。经验主义"在复制的东西中寻求原本的东西，并以在复制的东西中没有找到原本的东西为根据而否认原本的东西存在"。唯理主义"像经验主义一样把心理状态看作是许多由它们结合起来的自我分离的片段。它像经验主义一样试图将这些片段连接起来，以便重创自我的统一性。最后，它像经验主义一样，在旨在掌握自我的不断反复的努力中看到自我的这种统一性像幽灵一样漠然散失"。只有形而上学才深入到原本的东西，"运用一种精神的听诊法来感触原本的东西的心灵的搏动"。

概念总是成对出现的，表达两个对立面，也就是正题和反题。逻辑上无法调和正题与反题，因为用那些从外在的观点出发得到的概念和经验来构成一个事物是不可能的。然而，从直觉所把握的对象出发，往往就可以达到两个相反的概念。思维活动的路线恰好相反，它总是从概念到事物，而不是从事物到概念。柏格森进一步指出，理智活动并非单纯追求知识，而是为了满足某种利益。一切真正的知识，都朝着某一确定的方向，或者是从某种确定的观察点出发获得的。由于我们的利益不是单一的，我们关于对象的知识就可能有多个方向，或者从不同的观察点出发获得的。于是，对象就被置于几个概念之下，对象被认为"分有"这些概念。这种方法如果引入哲学之中，则会使对象的本质与方法的本质产生矛盾，"因此，二者必居其一，或者是不可能有哲学，一切关于事物的知识都是旨在从中取得利益的实际知识；或者是哲学通过直觉的努力而把自己置于对象本身之中"。

柏格森指出，精神状态总在不断地变化之中，对现在的感受来说，没有不附加对过去时刻回忆的状态的连续。这就构成了绵延，"内在的绵延就是一种记忆的连续的生命，它把过去延长到现在，这个现在或者是以一种清晰的形式包含了过去的不断增大的影像，或者是（而且也更可能是）由其质的连续的变化而表明了：随着我们的年龄愈来愈大，我们就拖着愈来愈重的负担。如果没有过去的这种残余留到现在，就不会有绵延，而只能有顷刻性"。状态本身是一种不断的变。如果从中取出一个确定的平均质，就构造出一种稳定的状态。如果从中取出一般的变，则是状态所占据的时间。这种时间是静止的，只有在质的连续变化时才流动，如果没有质，它就只是变化的场所和环境。因此，构造同质的时间目的在于比较具体的绵延，衡量不同绵延之间的关系。所以说，分析面对的往往是静止的东西，而直觉则置身于绵延之中。企图借助于符号和要素来构成实在是行不通的，我们可以通过直觉通达分析，但却无法从分析通达直觉。比方说，物体在空间中运动会经过一些点，也就是它们所占据的位置，但不能将这些位置等同于运动本身。它们仅仅是"停靠站"，是物体所做运动的投影。凭借这些位置无法构造出一个事物来。然而，在实际生活中我们却总习惯于这样去构造。我们将运动过程区分为一定数量的点，把它们当作是运动的部分。由于无法实现构造的意图，我们又插入一些点，以此来接近运动中的本质的可动性。"由于这种可动性仍然远离我们，我们就以一种'数量无限增加着的点'来代替固定的和数量有限的点，这样，我们就借一种思想的运动（这种运动无限制地由点到点）来虚构运动着的物体的实在的和不可分割的运动，而这是徒劳无益的。"由于这种模仿在实际生活中有着明显的实用性，能给我们带来许多实际利益，我们便产生了一种根深蒂固的观念，即认为静止是先于运动的。于是，我们试图采用一种从停顿走向运动、以静止来构造运动的方法。这种努力不过是对实在的运动的拙劣模仿，是不可避免要宣告失败的，"我们必须善于使自己把运动看作是最单纯、最清楚的东西，而不动性则只是运动的弛缓的极限，是也许只能在思想中达到而永远不能在自然中实现的界限"。运动先于静止，位置与移动之间也绝非部分与整体的关系，而是各种可能的观察点与对象的实际之间的关系。形而上学的路径是由实在通向概念而不是相反，这是非常痛苦的、但却是把握实在的唯一方式。尽管直觉以绵延的可动性作为研究对象，但不是说哲学家仅仅局限于静观自身。形而上学的直觉在本质上是能动的，甚至具有激烈的特性。直觉不是一种单纯的活动，而是无数活动的系列，以及所有这些活动如何与各种存在相应。

接着，柏格森开始对绵延进行分析，也就是用现成的概念重新构成绵延。一方面存在着意识的连续状态的杂多性，另一方面又有将它们结合在一起的统一性，绵延就是统一性与杂多性的"综合"。当我们通过直觉置身于绵延之中，我们就会有一些确定的紧张的感受，确定性表现为无限可能的绵延之间的一种选择。它们彼此极不相同，虽然其中每一个由于归结为概念，最后总是成为多与一的同样不可界说的结合。无论哪个哲学流派，不管是强调绵延的杂多性，抑或是强调绵延的统一性，实际上"都只有一种包含了任何事物的独特的绵延，这是一条无底的、无岸的河流，它不借可以标出的力量而流向一个不能确定的方向"。柏格森指出："我们的绵延的直觉也正是这样，它绝不会像纯粹的分析那样使我们悬于虚空中，它会使我们接触到绵延的整个连续，而这个连续是我们必须跟踪的，不管是向下还是往上。在这两种情况下，我们都能借一种不断增加的强制的努力而无限地扩张自己，在这两种情况下，我们都超越了自己。在第一种情况下，我们通向一种愈来愈松散的绵延，这种绵延的振动比我们的绵延为速，它将我们的单纯的感觉分开，把它的质冲淡成为量，它的极端是纯粹的同质性，即我们借以界说物质性的纯粹重复。如果我们朝另一个方向前进，那就会达到这样一种绵延，它愈来愈使自己紧张、收缩、强化，它的极端是永恒性。"这是一种生命的永恒性，是一切绵延之集聚。直觉就在这两个极端之间运动，这也正是形而上学的本质。

柏格森集中阐述了一系列命题，它们或多或少在前面已有所提及。第一，存在着一种外在的、然而是直接给予心灵的实在。第二，这种实在就是可动性，没有已造成的事物，只有正在创造的事物；没有自我保持的状态，只有正在变化的状态。如果我们同意把倾向看作是一种开始的方向变化，那一切实在就是倾向。第三，按照我们的理智的自然倾向，它一方面是借凝固的知觉来进行活动，另一方面又借稳定的概念来进行活动。这样做的目的不是为了获得关于实在的内在的和形而上学的知识，而纯粹是为了使用实在。第四，我们的思维可以从运动的实在中引出固定的概念，但是决不能用固定的概念来重新构成实在的东西的可动性。第五，我们虽然不能以僵死的、现成的概念来重构活生生的实在，但也不能推论出我们不能通过别的途径来把握实在。证明我们的知识的相对性的那些论证有一个根本的错误，它们像它们所攻击的独断论一样，以为一切知识都必须从有固定的轮廓的概念出发，以便用这些概念去把握那流动的实在。第六，理智能够用我们称之为直觉的理智的交融的办法把握实在，但要求心灵必须违背自身。进行哲学思维，就是逆转思维活动的习惯的方向。第七，科学上一切最伟大的发现以及形而上学中一切具有永恒价值的东西，都出于这种逆转。微积分就是由这种逆转而来的。现代数学正是这样一种努力：以正在创造的东西代替创造好的东西。形而上学的对象是在质的方面进行微积分演算。第八，所谓相对的知识就是以先在的概念表示的符号的知识，这种知识由固定的东西出发而达运动的东西；而不是直觉的知识，这种知识使自身处于运动的东西中并且把握了事物的生命本身。这种直觉达到了绝对的东西。第九，并不存在两种根本不同的认识事物的方法，不同的科学都起源于形而上学。

在柏格森看来，直觉这种能力并无神秘之处，一般来说每个人都有机会去运用这种能力，但这需要付出艰苦的努力。因为，我们只能通过长期与实在的外部表现接触而了解到它的秘密，而不能由实在获得直觉，也就是说，获得与实在的最内在部分的理智的交融。形而上学的直觉只有通过物质的知识才能获得，但它完全不同于这些知识的单纯的总和或综合。

巅峰之作：《创造进化论》

1907 年，柏格森最重要的著作《创造进化论》出版了。这本书标志着柏格森生命哲学思想的成熟，也是其整个生命哲学思潮中最具代表性的一部著作。柏格森正是凭借《创造进化论》获得了诺贝尔文学奖，他本人也一跃成为全世界最杰出的哲学家之一。该书体现了两个显著特点：一是以优美流畅的文体形式表达了艰深晦涩的哲学思想，这也是最能展示柏格森独特魅力的一个方面；二是将形而上学玄思与自然科学成果相结合，提出了一种创造进化的新哲学，向我们呈现了一部生机勃勃的宇宙演化史。柏格森承认进化的现实，但反对用机械的观点解释进化过程，他认为已有的诸种进化理论都不能真正阐明进化问题。柏格森提出，进化运动不是机械性的而是创造性的，进化的根源和动力就是生命冲动。生命冲动绵延不断、永不停息，在遭遇物质阻挠时分成不同的进化路线，分别形成植物、动物和人。在柏格森看来，生命冲动是宇宙的本原和主宰，在它的不断驱动下，宇宙万物生生不息、时时更新。人的理性不能解释这个过程，只有直觉才能感知和把握进化的真谛。可见，创造进化论是对理性的批判与反拨，是对直觉的倡导与赞颂。

当时，阿尔冈书店出版了这部著作。该书后来被译为多种文字，在全世界范围内广为传播，对后世思想文化的发展产生了广泛而深远的影响。正如法国著名分子生物学家、诺贝尔生理学或医学奖获得者雅克·莫诺所言："柏格森借助于他的动人的文风和缺乏逻辑但未始没有诗意的隐喻式的辩证法，使他的哲学获得了极大的成功——在我年轻的时候，如果没有读过《创造进化论》这本书，就别想通过学士考试——柏格森反抗理性，尊重生命本能的冲动，尊重自我，以及创造的自发性，这些都是我们时代的标记。"这段赞美之词给予了这部顶尖著作应有的评价，充分折射出柏格森思想的价值和影响。

这部著作由序言和四章组成：第一章《生命的进化——机械论与目的论》、第二章《生命进化的不同方向——麻木、智力、本能》、第三章《论生命的意义——自然规则与智力形式》、第四章《思维的摄影机机制与机械论错觉：各种哲学体系浏览——真正的变化与虚假的进化》。

柏格森在序言中指出，智力的作用在于确保我们的身体适应外部环境，在于思考材料。但是，以纯逻辑形式出现的思维无法真正把握生命的本质，无法真正表明进化运动的意义。即便如此，我们还是需要借助于智力，才能看到意识的其他形式。我们不能将知识理论和生命理论割裂开来，因为生命理论必须以对知识的批判为前提，而知识理论必须恢复智力在生命总体进化中的应有地位。对这两种理论的探索必须要相互结合，循环往复地向前推进。我们将会了解到智力是如何形成的以及智力追溯到的普遍结构材料的起源，直至追溯到自然和思维的源头。这就是真正的进化论，即从现实的生成及其发展中研究现实，整部书就是围绕这个主旨展开的。第一章阐明了机械论与目的论的错误。第二章试图重构进化的一些主线，生命曾经沿着这些主线与通向人类智力的进化路线一同前进。这样，智力就被带回了使其生成的原因。第三章的任务就是要去把握这种原因的本身，并且追随它的运动。第四章要阐明的是，我们的理解力本身经过某种训练之后，将为一种超越这种理解力的哲学作好准备。

在第一章里，柏格森首先提出，我们关于外在对象的观念也许都是肤浅的，但我们对自己的知觉则是清晰的、深刻的，我们最能清楚把握的就是我们自己。显然，我们总是从一种状态过渡到另一种状态，暖或冷，喜或悲，如此等等。在我们看来，变化存在于不同状态的过渡之中，而在分割出来的各个状态中是没有变化的。事实上，我们稍加注意就能发现，在每个瞬间里所有的感情、意念和意志都在变化着，这就是绵延。我们的心理状态沿着时间之路不断发展，就像在雪地上滚雪球一样。我们连续不断地在变化着，状态本身就是变化。因此，状态之间的过渡和保持在各个状态本身中并没有本质的区别，状态之间的过渡完全可以理解为同一状态的延长。对于心灵状态来说，当变化非常明显以致引起我们注意时，我们就将其描绘为一个新状态，于是呈现出了心灵生活的非连续性。然而，尽管我们的注意力集中在各种事件上，但每一个事件都产生于我们心灵存在的整体流动，心灵生活的各个状态在无尽的流动中相互延续。在常识中，我们的注意已经人为地将各种心灵状态分割开来了，自然地，也要通过人为的手段将它们重新联合在一起，这就是自我，它没有倾向性，不可变动。打个比方，不同心灵状态就像项链上的珠粒，由我们设想出的这种自我串联起来。这种做法是对内心生命的人为模仿，更能适应逻辑和语言的要求。但是，绵延也就不存在了。绵延不是一个瞬间替代另一个瞬间，而是过去的持续进展，它逐步吞噬着未来，与此同时它自身也在膨胀。记忆是一种机制，将一个个过去叠置起来，永不停息地运转着。在现实中，过去被其自身自动保存下来，过去作为整体在每个瞬间都追随我们。我们的过去始终与我们同在。我们就是自出生以来到现在的历史，甚至是出生以前到现在的历史，因为我们都有先天的禀赋。过去记录着我们的生成，而每个瞬间都不相同，意识也就不会两次处于同一状态。在每个瞬间，我们的个性都被其已经积累的经验构成，从而避免了在深度上的重复。我们的绵延是不可逆转的，我们无法重新再活一次，哪怕是片刻都不行。我们的每一个状态都是逐步展开的历史中的瞬间，它是简单的，它不可能被观察到。因为它在其不可分割性中聚集了全部被观察到的东西，并且聚集了当前添加在它里面的东西。对于有意识的生命来说，要存在就是要变化，要变化就是要成熟，要成熟就要连续不断地进行永无止境的自我创造。将生命体比作对象是错误的，因为生命体有着自己生长、发展和衰老的过程，这个过程不断记录着绵延，记录着时间。智力的根本功能在于指导行为，为我们将要采取的行动预作准备。科学最大限度地提升这种能力，但却从未改变其本质。科学只能在被假定为重复自身的对象范围内工作，换句话说，科学只能在（通过假定）被从真实时间的行动中抽取出来的对象范围内工作，从来都不会涉及那些不可复归、不可逆转的东西。

在此基础之上，柏格森对机械论和目的论进行了尖锐的批判。机械论将未来和过去视为当前的一些可以计算出来的函数，因而宣布一切都是既定的。具备这种计算能力的人，就能对过去、现在和未来一目了然。激进机械论是一种形而上学，主张永恒性是真实的整体的根本前提，绵延只是表明思维的弱点，即无法在同一时刻知道一切。然而，我们的意识告诉我们，绵延是我们存在的根基，是世界的本质。因此，激进机械论是站不住脚的。基于同样的理由，激进目的论也不能被接受。如果一切都能被预见，那么宇宙间就没有真正的创造可言了，时间也就没有价值了。与机械论唯一不同的是，目的论将未来的吸引力替换成了过去的推动力。这两种学说都否认在事物的总体进程中存在不可预见的形式创造。机械论只关心相似性和重复性，而忽略了真正的创造。它受制于"同类相生"规律，即始终以已知的事物或元素为依据来制造新事物。总而言之，目的性原理与机械因果关系原理共同指向了一个结论，即"一切都是已知的"。当我们彻底摆脱这两种学说的桎梏，我们将会发现，真正属于我们自己的行动缘于一种意志，这种意志并不企图伪造现实，而是逐步演进发展为行动。而智力总是将行动分解为各种元素，所以根本无法达到这种境界。各种体系之间的永恒冲突早已被哲学史证明，试图用事先裁剪好的概念的衣服套在对象身上是无法实现的，真正需要做的首先是制造一种衡量的尺度。理性却以不接触绝对为由，对一切作出绝对的判断。柏拉图最先提出"要了解真实就是找到其理式。"事实上，人类天生就具有柏拉图倾向，即总是在思量将新对象列在哪个已有的标题下面。这种方式的不足之处，在各种生命理论中表现得尤为突出。至此，柏格森开始阐述自己的生命哲学理论。比较而言，生命哲学更接近于目的论而非机械论。目的论的解释不是对未来的某种预期，而是参照当前而观察过去的特定样式。真正的目的论是重构的，这种直接观察到的真实更具综合性，更富创造性。生命的进化源自原始冲动，这种冲动沿着进化的路线持续又被这些路线分开。这就是变异的根源，至少是那些被有规则地传递的变异的根源，是那些积累和创造新物种的变异的根源。这个过程不能用理智去把握，否则只会扼杀绵延。机械论认为："在外部环境影响下逐步建立起来的机能，或因作用于组织的行动而被直接干预；或因更适应部分的选择而被间接干预。"但机械论无法说明这些部分的细节之间的关联，无法解释不同的动物缘何出现相似的器官，无法阐明不同物种之间是如何实现和谐共存的。目的论认为，这些部分是为了某种目的，按预先的计划被组合在一起的。这就意味着一切都是既定的，因而什么也不能创造。如此看来，这种目的不过是我们放入对象中的我们自己的观念而已。这两种观点的共同错误在于，"认为人的思维以参照人类的工作为指导"。

在第二章中，柏格森提出了自己的生命进化观。生命展示的不是单一的进程，进化运动也不是可以确定方向的简单运动。生命运动就像炮弹一样突然炸裂成碎片，而这些碎片本身也是炮弹，它们又炸裂成注定要再爆裂的碎片，如此这般继续下去。正如炮弹爆炸方式取决于炸药的威力和金属弹壳的阻力，生命爆裂成不同个体和物种也取决于生命所遇的无机材料的阻力和生命本身包含的爆炸力。生命就是一种趋向，"而趋向的本质就是以集束的形式发展，依靠自身的成长，创造出不同的方向，而冲动就在这些方向上被分化"。毫无疑问，适应环境是进化的必要条件，不去适应外部环境强加的力量，物种必然走向灭亡。但是，这并不等于说外部环境因素就是进化的直接原因。实际上，机械论所主张的就是这种观点。必须要明确的是，"适应造成了进化运动的种种曲折性，却并不决定进化运动的各个总体方向，更不能决定进化运动本身"。进化没有指明一条确定的路线，各个分支也都没有终点，因而在对外部环境的适应中也能不断彰显创造力。同样，目的论也是错误的。进化绝非预定计划的实现。因为，"计划是事先确定的。计划在被实现以前就被表现了，或者至少是可以被表现的"。

而进化是一种持续不断的更新，不仅创造了诸种生命形式，还创造了让智力理解的生命的观念。也就是说，"进化的未来溢入了它的当前，不可能用一个观念在当前勾勒它的轮廓"。再者，计划早已规定了进化的过程和形式。事实上，在生命进化的过程中，未来始终都是不确定的。智力的梦想永远无法达到进化发展的境界，智力充其量只是整体进化过程的一个方面或者它的产物。我们不能根据是否具有某种特征去区分植物与动物，而应从是否具备强化这些特征的趋向加以考量。因此，植物与动物的根本差异就在于它们分别联系着生命发展的两个分支。从获取营养的方式来看，植物直接从空气、水和土壤中吸取生命所需元素，特别是矿物质形式的碳和氮。而动物无法直接固定碳元素和氮元素，只能到处活动去寻找已经固定了这些元素的植物，或者是已经从植物王国里摄取了这些元素的动物，以获取生命所需的营养元素。因此，运动性就成了动物的一个显著特征。诚然，诸如攀缘植物等植物物种存在某种运动现象，诸如寄生虫等动物物种也存在某种固定现象。但是，动物物种的固定性只是表现了一种麻木状态，也就是不再沿着某个方向继续进化；植物物种的运动也远没有动物那样频繁和丰富。从这个意义上说，植物总是与固定性相对应，而动物总是与运动性相关联。当然，这还仅仅是一个表层的标志。运动还与意识不可分割。植物能够直接摄取营养决定了其无须去运动和感觉，动物则必须到处去觅食、去活动，从而具有了愈加丰富的意识。需要指出的是，植物与动物有着共同的祖先，这个祖先结合了处于原初状态的两种趋向。植物和动物分别发展了两种趋向，从而呈现出不同方向的两种进化，也反映了二者之间既对立又互补的关系。植物的本质特征是固定性和无感觉性，而动物的一切都指向行动，通过不停地运动去获取生命能量。从被饿死的动物身上，我们通过现代科技手段发现了它的大脑是完好无损的，只是其他器官减轻了重量，这说明身体的其他部分为了维持神经系统而牺牲了自己。如前所述，生命的作用在于为材料注入某种不确定性，而神经系统就是储存不确定性的"仓库"，生命冲动的核心功能也正是创造这类机构。在激进目的论那里，大自然的一切进程就像人类天才的作品，在被制造的作品和制造作品的工作之间，存在着一种对应关系。事实上，在生命进化的过程中并不存在这种对应性。这是因为，生命总体运动的节奏与生命表现形式的节奏不同，生命趋向于最大可能的行动，但每个物种却只想付出最小的代价，情愿得到那些只要求最少劳作的东西。

动物的进化有两条主线，一种是节肢动物，另一种是脊椎动物。节肢动物的进化在昆虫身上达到顶点，脊椎动物的进化则在人类身上达到顶点。节肢动物的最大特长是本能，这一点在膜翅类昆虫身上表现得尤为明显。脊椎动物的独特能力在于智力。智力与本能最初是相互渗透的，没有一种不能从中找到本能的某种痕迹的智力，反之亦然。有鉴于此，有人认为两者同属一类，只存在复杂程度、完善程度的不同而已。的确，我们无法对智力和本能作出严格的界定，因为两者表现的是两种趋向。实际上，柔化两者之间的轮廓，更有助于我们进行实际活动。从人类发展进程来看，"智力就是一种制作人造对象（尤其是制作用以制作工具的工具）的机能，就是一种对这种制造品进行无限变化的机能"。正是在这个意义上，柏格森指

125

出人类的出现以第一批武器、第一批工具被制造出来为标志。对于那些不具备智力的动物来说，它们的工具就是使用工具的身体的一个组成部分，与此同时，它们还具有使用这个工具的本能。不过，绝大多数本能都只是器官工作本身的延续或完成。对完善的本能和完善的智力的典型情况进行分析，可以得出两者的根本区别：前者是一种使用，甚至是制造出器官化工具的机能；后者则是制造和使用非器官化工具的机能。本能借助于自行制造、自行修复的工具，能够毫无阻碍地达到它的目的。智力所使用的工具则必须通过努力才能制造出来，这种工具的优点在于能以任何形式服务于任何目的。它为活动开辟了广阔的空间，创造了更多的自由。当智力达到能够制造机器的阶段时，智力较之本能的这种优势就逐渐凸显出来了。节肢动物朝着本能的方向演进，而脊椎动物则表现出对智力的积极争取，尽管构成脊椎动物心灵活动基础的仍是本能。只有人类的智力才真正成为独立的智力，才获得完全的自由。智力通常指向意识，而本能往往对应无意识。意识的出现本身就说明了本能的不足，体现了行动与意念的差距。智力需要面对无止境的艰难困苦和辛勤劳作，因为新的满足总是不断地创造出新的需求。本能与智力都涉及知识，"知识在本能中是被执行的和无意识的，而在智力中，知识则是被思考的和有意识的"。哲学家对知识的材料与材料的形式作出了区分：材料是知觉机能为我们提供的、处于初级状态的东西；形式则是为了构成系统的知识而在材料之间建立的种种关系的整体。简而言之，智力就是对形式的知识，而本能是对材料的知识。从两种知识的表述方式来看，本能的知识依赖于哲学家称为"范畴"的命题，智力的知识总要借助假定的方式。如前所述，本能是使用器官化的天然工具的机能，因而它一定与工具及对象的先天知识相关。智力是构成非器官化的工具的机能，那么智力中先天的东西就是在环境与手段之间建立关系的趋向。于是，柏格森得出了结论："智力仅仅能够去寻找一些东西，却永远无法依靠自身去找到它们。而本能虽然能够发现这些东西，却从来不去寻找它们。"应当说，这个结论深刻地揭示了本能与智力的本质区别。如果进一步来考察，人并不仅仅是作为个体存在的，人总是生活在社会之中。因此，担负制造功能的智力要真正发挥作用，还必须与其他的智力形式相联系，语言就是其中不可或缺的一种。人类社会需要语言进行彼此之间的交流沟通，不同种属的动物内部也需要某种符号进行通讯，以服从共同生活的要求，但二者之间存在着根本的区别。动物的"语言"有着极大的局限性，为数不多的符号对应着具体的事物。人类语言的特点在于运动性，即不断从已知的事物扩展到未知的领域。也就是说，"本能的符号是固定的，而智力的符号则是运动的"。语言的出现对于解放智力有着极为重要的意义，既折射出对智力自身工作的沉思，也向外展示着这个内心世界。

如此看来，智力似乎比本能优越得多，比起智力，本能显得层次太低了。果真是这样吗？柏格森给出的答案是否定的。智力总是将变化表现为一系列状态，各个状态又都与自身同质，因而根本没有变化可言。智力善于处理非连续性的对象，但天生就不能理解生命。当智力执着于以一种机械的方式处理一切的时候，本能却向它投去了轻蔑的目光。因为，最基本的原始本能就是生命的过程。科学的解释方法无法彻底分析本能，用智力吞并本能的努力只不过是幻想罢了，注定是要失败的。本能与智力是同一个原理在两个不同方向上的发展，两者之间孰优孰劣根本无法比较。形象点说，本能与智力的关系，就好比视觉与触觉的关系。科学只能表达这种关系，却无法深入本能之中，制造出来的不过是本能的仿制品。对于本能的认识，存在着两种具有代表性的观点：一种是将本能看作智力，另一种是将本能视为完全可以通过智力去理解的东西。这两种见解成功地驳斥了对方，却都不足以说明其对象。于是，柏格森另辟蹊径，沿着"同情"而非智力的方向寻求解答。柏格森指出，本能即同情，如果同情扩大其对象并反映自身，就能提供一把理解生命的钥匙。随着理性和科学的发展，智力越来越能完整地揭示物理运作的秘密。但对于理解生命，智力却束手无策，它所能做的仅仅是将生命翻译成科学的术语。智力的最大缺陷就在于，它从来都是在生命外部进行观察，从未真正进入生命内部。直觉则不同，它能将我们带到生命的最深处。柏格森认为，直觉"在我们与其他生物之间建立了同情性的通讯，并且扩大了它带给我们的意识，而将我们引入了生命本身的领域，这个领域相互渗透，进行着无穷无尽的创造"。由此，直觉超越了智力。但是，如果没有智力，直觉就只能停留在本能的层面上，无法展现自身蕴含的能力。

在第三章中，柏格森提出了一项任务，即探索智力的起源，同时也就是材料实体的起源，因为二者存在本质上的一致性。柏格森认为，心理学致力于在动物系列中探索智力的发展，不能说明智力起源问题。进化论哲学预先设定了一种现成的智力，进而宣布能够说明这种智力的起源，这不过是自欺欺人。形而上学将智力压缩为一条极其简单的原则，以此出发引出我们已经虚拟地放入其中的东西，这同样无法表明智力的起源。如前所述，智力在处理无机材料时得心应手，但在面对生命体时却照搬照套固有的做法，结果必然走向失败。如果说科学的目标在于行动，那么哲学的任务就是要进行思辨、进行观察。然而，独断论和怀疑论都没能获得真理，只有将科学和哲学的不断进展结合在一起，才能真正把握现实本身。有一点似乎很清楚：当绵延的真实瞬间经过之后，智力通过一系列外部视点来重构这个新状态，就能够把握这些真实瞬间。不过，意识状态本身是不可分割的，它与智力之间没有可比性。柏格森指出："我们越是使自己意识到我们在纯粹绵延中的进展，我们就越会感觉我们存在的各个部分都相互渗透，而我们的全部个性将自动集中在一个点上（或者更确切地说，集中在一个边缘上），挤压在未来上，并且不断地切入未来。"实际上，"空间并不像我们想象的那样与我们的天性无关；而材料也并不像我们的感觉和智力所表现的那样在空间里彻底地扩展"。"完整的空间性，应当是各个局部的完整外在性之间的良好协调一致，换句话说，各个局部的外在性应当完全彼此依赖。"

在康德看来，一种知识理论只有三种可能的答案：头脑取决于物体，物体取决于头脑，头脑与物体之间存在一种神秘的一致性。柏格森认为还有第四种答案，即将智力看作大脑的一种功能，其本质就是针对无生命材料；材料不决定智力的形式，智力也没有将形式加于材料上；两者没有受制于前定和谐，但却逐步互相适应，最终获得了一种共同的形式。大体来讲，绝对科学涉及现实本身，但研究的只是无生命材料。柏格森指出，生命只有借助生物才能前进，为了使正在创造的崭新生命发展成熟，各种生物必须在空间与时间中彼此重复。正是依据重复，我们才能加以概括。重复在物理规则中处于核心地位，但在生命规则中只是次要的东西。知识理论的基本问题就是解释科学何以可能，也就是说，为什么事物存在着规则而不是无序的。一切规则都具有暂定性，这是相对于反面规则而言的。一个事物状态，要么具备一种规则，要么具备相对应的另一种规则，即使在想象中也是如此。

柏格森认为，所有现存哲学体系都能借助直觉重获生机。无论是将直觉作为证据，还是直觉自行分成概念传播他人，都离不开辩证法。辩证法能确保思维与其自身相一致，尽管会达成诸多不同的一致，但只有一个是真实的。与哲学体系相比，直觉是不易把握的，但它比体系更有价值、更有生命力。当我们将自己的存在置于意志之中，又将意志置于被它延长了的推动力之中时，现实就会被理解为永无止境的创造。生命中蕴含着一种逆反材料性的趋向，这实际上就是创造活动。在现实中，生命被固定在有机体上，被迫服从无生命材料的种种规律，但它从未停止过挣脱束缚的努力。生命虽然没能终止材料向下的运动过程，但却迟滞了材料的坠落进程。在现实中，生命就是运动，而材料就是对它的逆反。这两种运动同样都是未分割的流动，它们流向相反，产生出一种组织。这种组织表现为时空中彼此独立的局部，以致我们避而不见冲动的整体。造成这种状况的原因在于，"我们智力的结构的作用本来就是从外部对材料施加行动，而在真实的流动当中，它自发地切割这个流动，而被切割出来的东西则固化了，于是就可以被无限地分解"。在柏格森看来，生命冲动是一种对创造的需要。生命冲动要面对材料，因而无法实现绝对的创造，但它试图将更多的不确定性与自由引入材料。从根本上看，生命就是一种努力，它将积累起来的能量流入一些可变的通道，最终完成种类无穷的工作。然而，生命冲动的力量是有限的，并且是一次性给定的，由它开启的运动过程也就无法顺利完成，总是会遭遇各种形式的对抗。有机界的进化就在这种冲突中展开了，由此产生的第一次大分裂是植物王国与动物王国的分裂，之后又出现了其他许多分裂。于是，进化出现了不同的分支路线。当然，我们还要考虑到退化、停滞以及偶然因素。需要指出的是，各个物种仅仅想到自己，单纯为自己而活，仿佛生命的总体运动止步于此，这也正是自然界中会有无数争斗的原因。偶然性在进化中发挥的作用不可忽视，不仅停滞与受阻是偶然的，就连大部分的适应也是偶然的，"只有两件事情是必然性的：一是能量的逐步积累，二是将这种能量灵活地分配到各种可变的、不可确定的方向上，而这个过程的终点就是自由的行动"。

　　生命冲动既不是纯粹的单一性，也不是纯粹的多元性。当材料迫使它在其中作出选择，它总是踯躅徘徊，难以抉择，于是就朝着个体性与联合体双重方向进化。意识处于生命的源头，体现了一种对创造的需要，这种意识只有在可能进行创造的地方才显现自身。意识与生物的选择能力之间存在着严格的相应关系。动物始终限定在自身物种习惯的范围内，无法真正摆脱身上的锁链。而在人的身上，意识使自身获得了自由。人的大脑、社会群体和语言，证明了生命在进化的某个既定瞬间取得的成就，它们表现了类的不同，而不只是程度的差异。正是在这个意义上，人才是进化的"条件"和"结局"。柏格森强调，生命超越了目的性，整个进化过程根本就不存在预先的计划。其他物种也不是为了人而存在的，人与它们进行着斗争。直觉和智力是意识活动的两种形式，直觉朝着生命的方向前进，而智力则反向运动。不同的进化会造就某种形式更为充分的发展。人为了智力几乎牺牲了直觉，因为意识要克服材料乃至自身就必须这样做。尽管如此，直觉并未完全丧失，它还依然存在着。虽然直觉之灯只是间或发出短暂而微弱的灯光，但当生命利益受到威胁时，直觉之灯一定会闪亮起来。哲学的任务就是抓住它们，尽力使之延长下去，最终汇合在一起。随着这项工作的深入，我们会发觉，直觉就是头脑本身，甚至就是生命，而智力则是从直觉中切割出来的。因此，"只有当我们为了从直觉到达智力，而将自己置于直觉之中时，我们才能认识直觉，因为我们若从智力出发，便永远不能到达直觉"。

在第四章里，柏格森着重考察两种理论错觉，以便在比较对照中更好地阐明自己的观点。当我们按照实际利益的要求去思考真实的本质时，无法观察到真正的进化，看到的只是一些短暂瞬间。这就是第一种错觉，即误以为我们能够借助稳定的工具去思考不稳定的东西，借助静止的工具去思考运动的东西。第二种错觉的来源也是将用于实践的程序用在了思辨上。利用空白去思考充实，就是第二种错觉。这个错觉呈现为一个虚假概念，即"乌有"。"乌有"不会形成那个取消了一切的形象，我们无法想象出一种乌有。我们竭力创造这个形象的努力，结果只是在外部真实的幻象与内部真实的幻象之间徘徊。

在两者的中间形成了"无"这个形象，它同时包含主体形象与对象形象，但又不会最终停止在任何一种形象上。事实上，这个形象已经包含了普遍的存在。那么，我们能否将"乌有"界定为对一切的取消呢？取消某物就意味着用它物取代它，"取消一切"实际上什么也没有取消，这本身就是个伪命题。对于一个纯粹而简单地遵从经验的头脑来说，不存在空白、乌有和否定，它注意的是正在存在的事物，正在出现的状态和正在发生的事件。如果将记忆赋予这样的头脑，它注意的就不再仅仅是当前状态，而是很快就获得了普遍意义上的"可能"的观念。如果我们通过"乌有"的观念达到"有"的观念，我们所获得的存在就具有逻辑的或数学的性质。因此，我们应当直接去思考存在，而不是求助于出现在存在与我们之间那种"乌有"的幻影。我们要尽力为了观察而观察，而不再为了行动而观察。那时，我们所获得的绝对的本质是一种心理的本质。如何把握真正的绵延呢？唯一的途径就是将自己置于绵延之中，智力拒绝这样去做，它只习惯用静止的工具去思考运动的东西。显然，我们实施行动是为了某种目的而非运动本身，我们所关心的只是运动完成时是否达到预期的形象。既然我们的行动始终指向并暂时地适应结果，我们的知觉就必定在每个瞬间都仅仅保留着材料世界的一种状态，并被暂时放置在这种状态中。无论是性质的运动、进化的运动还是扩展的运动，我们的头脑都致力于从非静止中获得静止的见解，相应的三种表现是性质、形式或本质、行动，它们分别对应形容词、实词和动词。

柏格森指出，理智认识事物的机制，就是摄影机的机制。摄影机将一张张静止的照片机械地连接起来，用这些照片来重构事物的运动性。理智的认识也是如此，我们将自己置于事物之外，对不断从眼前经过的现实拍摄一幅幅快照，然后将这些快照串联起来。以这种静止的方式来认识变动不居的生命冲动，注定是要失败的，所获得的只是生命之流投影的片段。这种认识方式就像万花筒一样，我们每一次摇动都能获得一种新图案，但我们所关注的仅仅是新图案而不是摇动本身。正是在这个意义上，柏格森提出，我们对事物的知识具有摄影机的特征，这是由于我们对事物的改编具有万花筒的特征。科学是理智的结果，科学的目标就在于扩大对事物的影响，实用性无疑是科学的根本特点。与古代科学相比，现代科学无限地分解了时间，尽管时间不具有自然的清晰分段，但我们仍能按照自己的意愿划分时间，一切瞬间都在计算之列。二者的区别还表现在：古人为了揭示某种规律而进行各种实验，现代科学的标志仅仅在于运用一种度量的观点去工作；古代科学注重概念，而现代科学热衷规律，寻求变量之间的恒常关系。不仅如此，古代科学是静态的，根本不考虑时间这个因素，而现代科学将时间视为一种独立的变数。当然，现代科学考察的也只是种种瞬间、各个虚拟的停止点，并没有把握流动的真正时间。从古代到近代的西方哲学家，诸如芝诺、埃利亚学派、柏拉图、亚里士多德、普洛丁、笛卡儿、莱布尼茨、斯宾诺莎、康德、康德的直接后继者、斯宾塞等，他们都没能超越以理智为基础的摄影机机制，都没能掌握创造进化的真谛。柏格森深刻指出，哲学的真正功能不是将进化运动中成果的片段人为地重新组合起来，而是将自己置于进化运动之中。这种哲学是对普遍变化的研究，是真正的进化论，因而是科学的真正延续。

第 8 章

最后一部重要著作：
《道德和宗教的两个来源》

1932 年，《道德和宗教的两个来源》一书出版。在这部著作里，柏格森将其哲学的基本观点运用于社会道德和宗教领域，深入探讨了道德和宗教存在的根源和性质。

全书分为四章：第一章《道德义务》、第二章《静态宗教》、第三章《动态宗教》、第四章《结语：机械设置与神秘主义》。

在第一章中，柏格森分析了道德的两个来源：一是作为"义务"的道德，二是作为"抱负"的道德。他首先阐述了前者。每个人从小开始就养成了服从父母和老师的习惯，他们的威信来自他们所处的地位，这种地位是他们能够发布命令的根据。不过，在他们背后，真正对我们施加影响的是社会。社会是一种有机组织，各个部分都必须服从整体的利益要求。类似于必然性在自然物中所起的作用，习惯也在社会中发挥相应的作用。这样，社会就表现为一个习惯的系统，这其中既有关于命令的习惯，也有关于服从的习惯，它们都体现了某种"非人格的强制"，每个人都会对习惯产生义务感。每种习惯都直接或间接地对应某种社会需要，这些习惯结合在一起，就构成了一个有机的整体。柏格森打比方说："一个公民社会的成员就像有机组织的细胞那样结合在一起。习惯（有理智和想象为之效力）便在这些成员中引入某种纪律，这种纪律在各个个体之间确立了相互依赖，从而显得像是有机组织网结细胞的联合。""一个有机组织的细胞，在获得意识的瞬间，必然渴望解放自己，以免自己被必然性重新捕获。某一共同体的单个组成部分可以改变甚或可以打破具有同样性质的必然性，这必然性在某种意义上是他帮助创立的，但却仍然是他必须服从的；认识到这种必然性，以及同时又觉得可以逃避之，正是他称之为义务的那种东西。从这个观点来看，就其最为一般的含义而言，义务之于必然性，正如习惯之于自然。"尽管每个人属于社会的程度与属于自己的程度没有多少差别，尽管在自我意识中可能存在比生活中表面平衡更为称心的平衡，我们的自我通常也只是附着于生活的表面。社会团结的基础在于，社会自我居于个体自我之上。事实上，任何个人都无法完全脱离社会生活，个体自我如果离开社会自我的支撑和约束必然陷入困境。柏格森进而指出，一般来说，良知的裁决就是社会本身作出的判决。当个人与社会关系失常的时候，道德苦恼也就产生了。社会总是通过家庭、职业、地域、团体等中介为个人规定生活秩序，而我们本身几乎没有意识到这个过程，我们只需循此而行即可。不过，尽管我们非常自然地这样去做，但内心的阻抗却从未停止过。柏格森将此确定为一条实践准则，那就是"对责任的服从意味着对自我的反抗"。"我们有许多特定的义务，每一义务都要求单独的解释。服从所有这些义务是自然的，更为严格地说，乃是一种习惯。设若我们碰巧背离了某一义务，那就会出现抵抗；设若我们反抗这一抵抗，很可能就会出现一种紧张或者冲突的状态。当我们把如此严厉的方面赋予责任时，我们正是将此种严厉对象化（具体化）。"那种将义务归结为理性因素的观点是错误的。的确，理智会引入逻辑一致性，但只有社会要求才是义务的真正根据。诚然，达成逻辑上的协调一致是很有必要的，但义务的本质与理性的要求完全是两个概念，不能简单地等同起来。因而，"在瞬间之内（该瞬间能把仅被体验为一种生命力的义务与为各种理由所完全认识和证明了的义务分离出来），义务确应采取绝对命令的形式：'因为你必须所以你必须'"。

除了作为"义务"的道德，柏格森还分析了作为"抱负"的道德，"任何时候都会出现体现出此种道德的特殊的人。在基督教的使徒以前，人类就已经有了希腊的圣贤、以色列的预言家、佛教的阿罗汉以及其他品德高尚者。人们总是在他们身上寻找那种彻底的道德（我们已最恰当地称之为绝对道德）"。柏格森认为，自然的义务与压力相对应，完满的道德与感召力相关联，"前一种道德是这样一种道德，即当我们感到某种自然义务时一般所想到的道德。在这些得到明确界定的责任之上，我们还爱设想另外的义务，这些义务的界限也许有点模糊不清。我们所想到的，便是忠诚、自我牺牲、隐忍的精神、博爱等文字所表达的东西"。作为"义务"的道德以自我为中心，表现出来的是封闭性。而作为"抱负"的道德展示的是一种开放的精神，不仅涵盖了所有的人，还推及动物、植物和全部自然。这就是说，"前者中所固有的是一个社会的表象，该表象的目标仅在于自我保存；由于它只在同一点旋转，故它携带众个体旋转的循环运动只是通过习惯这一中介而对本能的不变性所作的一种模糊模仿。可以用来对这些纯粹义务（姑假定它们得到完全的服从）的意识加以说明的那种感受，可以是个人幸福和社会昌盛的状态，这与伴随生命的正常运作而出现的那种状态相似"。而后者"却暗含着进步的感受"。前者可以称之为"起码的""团体的""静态的"道德，后者则被冠之以"最高的""人类的""动态的"道德。虽然两者之间存在根本区别，但它们并非彼此孤立，而是相互渗透的，"前者已将其强制力分了些给后者；后者则将其温馨传了些给前者"。不仅如此，"倘若我们追溯到自然的根处，我们或许会发现同一种力量，这种力量围绕它自身的轴心旋转，在人类刚形成时直接表现出来，后来则通过精英人物这一中介来推动人类前进从而间接发挥作用"。这里所讲的"同一种力量"，指的就是"生命冲动"。两种道德都是生命的表现形式，它们共同为创造进化服务。不过，前者倾向于维护社会团结，后者则努力打破这种封闭的团结，不断去创造新的生活方式。从这个意义上说，不管是哪种道德，"在本质上都是生物学的"。

在中间的两章里，柏格森详尽探讨了宗教问题。在他看来，理智是人与其他存在物的本质区别。在生命的进化过程中出现了两条路线，即节肢动物和脊椎动物。前一条路线的终点出现昆虫的本能，后一条路线的终点则出现了人的理智。尽管人不具备许多动物所拥有的高超本能，却能够凭借理智制造工具，人的理智在"利用客观事物、支配事件、控制事情"方面成就斐然，这一点是毋庸置疑的。不过，理智也不是十全十美的，它有着自身的缺陷，具体表现在三个方面：一是理智倾向于使人注重自我而忽视群体，这样必然削弱甚至瓦解群体的团结，进而对生命的进化造成严重消极影响；二是理智使人意识到死亡的存在，极易滋生消极颓废的心态，从而消解生命存在的意义；三是理智总要支配人在行为和结果之间权衡掂量，这会造成迟延和耽搁，从而挫伤"生命冲动"。正是由于这些缺陷的存在，自然才设计出宗教来抑制和抵消理智的弊端。如前所述，"智能首先重视自我而不是别的东西。有智能的生命在没有阻碍的情况下会朝这个方向迈进，但大自然在提防着这一点"。所以，柏格森提出的第一个观点就是，"宗教是大自然对抗智能的消解力的一种防卫性反应"。针对理智只顾个人的缺陷，自然以宗教畏惧、宗教禁忌、宗教戒律等手段予以防范，以维护群体的团结。再者，人能够意识到自己早晚必死，从而惶惶不可终日，而"对死亡的确认有违于自然的意图，因为在这样一个世界里，生命体的头脑结构是旨在于只考虑生而不关心死的"。所以，第二个观点就是，"宗教是大自然对抗智能所持的必死观的一种防卫性反应"。针对人们面对死亡的抑郁和恐惧，自然以灵魂不朽、来世、再生等观念加以抵消，推动生命不断向前运动。柏格森还提出了第三个观点，一切宗教都"是大自然对抗智能所感到的忧虑的防卫性反应，这一忧虑就是对行动与后果之间的不可预测性的忧虑"。针对理智"对行动与后果之间不可预测的忧虑"，自然以神秘、奇迹等信仰帮助人们树立昂扬向上的斗志，摒弃那种犹豫不决、畏首畏尾的心态，为生命的进化排除障碍。总而言之，自然设计宗教的目的就是防范和抑制理智的缺陷，以免进化半途而废。

柏格森还区分了静态宗教与动态宗教。静态宗教指宗教发展的早期形式，诸如神话、图腾崇拜、泛神论等等。这种宗教处于相对原始的状态，在层次上低于理智，"它是大自然为了对抗在智力发挥过程中个体受到的压抑和社会遭到的危害而作出的防卫性反应"。动态宗教指宗教发展的成熟形式，诸如希腊的宗教、印度的宗教、基督教等等。由于这种宗教融入了"生命冲动"，因而在层次上远远超越了理智。从静态宗教发展到动态宗教，离不开释迦牟尼、耶稣等伟大的神秘主义者的引导。

在第四章中，柏格森提出了两种社会形态：封闭社会和开放社会。在封闭社会中，"成员凝聚在一起，对其余的人类社会毫不关心，总是警惕着忙于自卫，随时准备进行战斗"。前面所说的作为"义务"的道德和静态宗教与这种社会相一致。"开放社会"则超越了利益团体的狭隘性，它向所有人开放。与这种社会相适应的是作为"抱负"的道德和"动态宗教"。封闭社会和开放社会是不断转化的，在精英人物的努力下，社会逐渐由封闭走向开放，但"暂时打开的门又关上了"，重新回到封闭的状态，社会又召唤新的精英人物出现，再度打破这种僵化的局面，如此螺旋上升，不断前进。从创化的视角来看，"生命冲动，它因不能把物质向前推进而终止在封闭社会，但后来又被寻找出来——不是被大众所寻找，而是被少数精英重新发现"。正是通过精英人物的创造行为，"生命冲动"才不断获得展示的舞台，社会才得以不断进化发展。

第 9 章

柏格森哲学思想东渐

在本书的结尾，我们简要了解一下柏格森哲学思想的东渐。国学大师钱智修是将柏格森哲学思想引入中国的第一人。1913 年、1914 年，《东方杂志》第 10 卷第 1 号和第 11 卷第 4 号分别刊登了他的两篇文章《现今两大哲学家学说概略》与《布格逊哲学说之批评》，最早向国人介绍了布格逊（柏格森）的思想。

进入"五四"时期，中国思想界异常活跃，一批有识之士注重博采世界先进思想文化之长，纷纷将当时国际上盛行的各种思潮引入国内，不断推动国内学术研究的拓展、深化与繁荣，积极创建富有中国气派、中国风格的思想文化。1917 年，著名的爱国民主人士章士钊在《东方杂志》第 14 卷第 12 号上发表《欧洲最新思潮与吾人之觉悟》一文，阐述了柏格森的创造进化论。梁启超、张君劢等人还赶赴法国拜会了柏格森本人，与这位哲学大师直面交流。

1918 年 12 月，梁启超、蒋百里、刘子楷、丁文江、张君劢、徐振飞、杨鼎甫等一行七人前往欧洲考察。拜访柏格森是梁启超游历欧洲期间一次非常重要的经历。根据丁文江、赵丰田编撰的《梁启超年谱长编》中收录的书信资料，梁启超对拜访柏格森的情形作了如下描述："吾辈在欧访客，其最矜持者，莫过于初访柏格森矣。吾与百里、振飞三人先一日分途预备谈话资料彻夜，其所著书，撷择要点以备请益。振飞翻译有天才，无论何时本皆纵横自在，独于访柏氏之前，战战栗栗，惟恐不胜，及既见为长时间之问难，乃大得柏氏之褒赞，谓吾侪研究彼之哲学极深邃云。可愧也。吾告于吾友张东荪译彼之《创化论》已将成，彼大喜过望，索赠印本，且允作序文……他日复返法，当拟请柏格森专为我讲授哲学，不审彼有此时日否耳。"显然，无论是拜访前精心准备，还是会面时相谈甚欢，抑或是期望日后邀请柏格森讲学，都充分说明梁启超对柏格森格外重视以及在思想观点上的高度认同。

一年多后，当梁启超等人回国的时候，张君劢选择旅居德国师从著名哲学家倭伊铿（又译奥伊肯）研究生命哲学，并专程赴法国拜访了柏格森。后来，张君劢在国内刊物上发表的《法国哲学家柏格森谈话记》一文，就是他和林宰平于1921年5月26日到巴黎柏格森家中访谈的记录。这篇访谈录分为两个部分。在第一部分中，张君劢对柏格森的学术地位给予了极高的评价，认为"康德以来之哲学家，其推倒众说，独辟蹊径者，柏格森殆一人而已"，并采用对比手法列举出柏氏的思想要点。第二部分在简述此次会面的背景和目的之后，以主要篇幅记叙了主客三人"学术上问答之语"，"凡所问答，皆吾与宰平平日读柏氏书而心中所怀疑不敢决者。乃为之一一笔记，且述其缘起，以公诸海内爱柏氏哲学者"。这次会面持续了约一个小时，张君劢和林宰平不虚此行，收获甚丰。柏格森的"口头指点之语"在国内发表后受到了学界的高度重视，成为深化柏氏思想研究的一个重要的直接材料。

与梁启超、张君劢、林宰平不同的是，张东荪从未当面拜访过柏格森，但这丝毫没有影响他对柏格森哲学的认同和赞赏。应当说，在柏格森著作的中文翻译方面成绩卓著的，首推张东荪。我们知道，《创造进化论》是柏格森最负盛名、绽放异彩的不朽著述。自1918年开始，张东荪就在《时事新报》上连载自己翻译的《创化论》（《创造进化论》），次年商务印书馆出版了这部译著，这是国人最早阅读到的柏氏原著。张东荪在译序中特别强调，阅读这本书必须要把握五条原则：此书一气呵成，不可断章断节而读；章名不能概括章内所论之旨；读斯书者慎勿以为柏氏蔑视科学；读斯书者慎勿以为柏氏绝弃智慧；读斯书者慎勿以为柏氏主持心物二元论。张东荪所作的这些阅读提示也反映出他本人对柏格森思想精髓的深刻领悟。汤化龙先生在受邀为《创化论》中译本作序时，用极富激情的语词表达了自己对柏格森学说的推崇之意，"自柏格森氏之学说行，天下大纛高扬，万流奔赴，思想已为之革命，前此所依为圭臬者，无论唯物唯心，一元多元，无不目为化石哲学，为生命之拔壳，为死物之结晶，虽柏氏之说，尚在披荆斩棘之时，然本世纪之文明将变色彩，可以知矣"。除了翻译《创化论》这部恢宏力作，张东荪还将柏格森的另一部代表作《物质与记忆》译为中文以飨国人。之后，《形而上学序论》（《形而上学导言》）、《心力》（《精神的力量》）、《时间与自由意志》

等柏氏著作，包括国外的相关研究论著，都相继被国内学者译为中文，对于推动柏格森思想研究发挥了积极作用。

为了更好地促进学术交流，梁启超、张君劢等一批学界名流还积极邀请外国学者来华讲学。1920年9月5日，梁启超等人在北京发起成立学术团体讲学社，精心筹划欧美学术名家来华演讲相关事宜，并积极争取商务印书馆给予专款资助。时任商务印书馆负责人的张元济认为此举能起到密切中外思想文化交流、促进国内学术研究繁荣的积极作用，表示愿意资助讲学社并为演讲稿出版提供便利条件，"前面谈讲学社延聘欧美名人来华演讲，嘱由敝馆岁助若干，所有演讲稿由敝馆出版各节已由同人商定，均遵照尊意办理。自十年分起，每年岁助讲学社五千元，专为聘员来华讲演之用，三年为限，以后再另作计议。演讲稿既承交敝馆出版，仍照给讲学社版税，此次罗素演讲稿即照此办法办理，另由编译所直接函商。柏格森如可来华，亦统由讲学社聘订，敝馆不另担承，以归画一"。

张君劢和林宰平在登门拜访柏格森之时，向他表达了北京讲学社相邀之意并询问其来华行期，尽管柏格森对东方之行早已欣然应允，但当时由于诸种原因未能预定行期。李石岑在《现代哲学杂评》中谈到了自己对柏格森来华的热情期待，"近阅柏格森致梁任公电，谓一九二三年决定来华。似告吾国思想，两年后当另有一番气象"。不过，令人遗憾的是，柏格森最终未能如愿来华讲学，国人更多地只能通过相关论著来了解这位哲学大师的精深思想。

当时，在中国学界盛情邀请下，被国人誉为"四大外国名哲"的杜威、罗素、杜里舒和泰戈尔先后到访。其中，影响最大的是杜威。"五四"运动前夕，实用主义哲学的集大成者、实用主义教育思想的创始人杜威率先来到中国，而且一待就是两年零两个月（杜威先生于 1921 年 7 月启程返美）。其实，杜威起初并没有计划来中国。1919 年 2 月，杜威受邀到日本游历讲学，他的夫人和女儿同行。当时，国内的一些学者获悉后，立即商议邀请杜威顺道来华。杜威的中国弟子、北京大学教授胡适致信正在东京大学讲学的杜威，请他来中国传经送宝。北京大学教授陶孟和、南京高等师范学校代理校长郭秉文受国内多家教育机构委托，到东京拜访杜威并发出正式邀请。面对中国知识界的盛情相邀，杜威欣然接受了。4 月 30 日，杜威携妻女乘船抵达上海，开启了他的中国之行。5 月 3 日、4 日，杜威在江苏省教育会作了他的首场演讲，题为《平民主义的教育》。尽管当时阴雨绵绵，还是有许多听众顶风冒雨前来，"座为之满，后来者咸环立两旁"。此后，他不辞辛劳，四处奔走，先后在国内十四个省市巡回讲学，一共发表了两百多场演讲，系统地传播了实用主义学说。杜威每到一处都受到中国各阶层人士的热切欢迎，他的演讲成为当时国人了解西方思想的重要窗口。国内各大报刊对杜威的演讲进行了长篇累牍的报道，他的所有讲稿都被全文或摘要刊载。这里特别要提到的是杜威在北京所作的系列学术讲座，即《社会哲学与政治哲学》《教育哲学》《思想之派别》《现代的三个哲学家》和《伦理讲演纪略》，在中国知识界引起了相当大的轰动。后来，北京晨报社将杜威的系列演讲译记汇编成册，书名定为《杜威五大讲演》，于 1920 年出版发行。

我们来重点了解一下杜威自 1920 年 3 月 5 日起在北京大学

法科礼堂所作题为《现代的三个哲学家》的演讲。这个题目共有三讲，介绍了詹姆斯、柏格森和罗素这三位大哲学家的思想观点。前面讲过，《东方杂志》主编钱智修最早在国内撰文介绍柏格森哲学，但当时产生的社会影响比较有限，只有少数学术精英得以了解和掌握。而杜威此次演讲将柏格森的理论见解较为全面地展现在国人面前，真正做到了对柏氏学说的广而告之，同时也大大促进了生命哲学学说在国内的传播。我们从《杜威五大讲演》一书初版之后、杜威离华之前重版十次这一不凡出版业绩中，足以想见柏格森的名字和思想必定会在国人心目中留下深刻的印象。

随着国内研究柏格森哲学热潮的蓬勃兴起，就连远在美国哥伦比亚大学求学的冯友兰也深受影响，很快加入探讨的行列中。冯友兰撰写了《柏格森的哲学方法》一文，对柏格森哲学思想中的一些要点进行了深刻阐释，同时还对国内学界存在的某些误读作了必要的澄清，有力地推动了柏格森哲学的深入研究。在此文的附记部分，冯友兰还特意说明了自己的写作目的，"此文本今年暑假中所作，后见谈柏格森的人很多，其著作又都将译过来，我就把此文搁起来了。但是我觉得国人的西洋思想史的知识，有点差池；此文前段有论智识主义的一段，似乎可以对于国内研究柏格森的人，多少有点贡献。所以，我趁年假的几天空闲，把它整理出来，寄回发表。1920 年 12 月 31 日，纽约"。这篇文章于 1921 年发表在《新潮》杂志第 3 卷第 1 期上，后来又被《民铎》杂志转载。此外，冯友兰还写了一篇书评，题为《评柏格森的〈心力〉》，专门评介柏格森新近出版的这部著作，后来也刊载于《新潮》杂志上。

特别要提及的是，1921 年 12 月，由中国现代哲学家李石岑担任主编的《民铎》杂志出版了第 3 卷第 1 号，题为《柏格森号》，专题刊载当时国内一批知名学者对柏格森思想的译介和阐释，共计十八篇文章。刊载的顺序如下：李石岑《柏格森哲学之解释与批判》、张东荪《柏格森哲学与罗素的批评》、蔡元培《柏格森玄学导言》、柯一岑《柏格森精神能力说》、吕澂《柏格森哲学与唯识宗》、梁漱溟《唯识家与柏格森》、严既澄《绵延与自我》、柯一岑《梦》、杨正宇《柏格森哲学与现代之要求》、瞿世英《柏格森与现代哲学之趋势》、范寿康《直观主义哲学的地位》、严既澄《柏格森传》、李石岑《柏格森之著述与关于柏格森研究之参考书》、章太炎《与吕黎两君论佛理书》、黎锦熙《维摩诘经记闻跋》、张君劢《法国哲学家柏格森谈话记》、范寿康《柏格森的时空论》、冯友兰《柏格森的哲学方法》，后面的五篇是作为附录出现的。这期杂志的学术影响相当大，可以说代表了当时中国研究柏格森的最高水平，表明国内学界对柏格森的生平、著述与思想已经有了较为全面细致的了解。

这里，我们有必要再对《民铎》杂志主编李石岑本人作些介绍。李石岑早年在日本留学，旅日期间就编辑出版《民铎》，后来遭到日本政府查封，回国后主要以《民铎》《教育杂志》等学术刊物为阵地积极传播新思想、新文化。由于李石岑学贯中西、看法独到、思路清晰，19 世纪 20 年代他应邀在江、浙、沪、湘等多地发表演讲，成为国内学界颇有影响的人物。商务印书馆后来将他的十五篇讲稿结集出版，据说当时国人对《李石岑讲演集》好评如潮，争相传阅。在这本讲演集中，有两篇涉及对柏格森哲学的评价，一是《柏格森哲学与实用主义之异点》，二是《杜威与罗素之批评的介绍》。从中可以看出，李石岑当时对柏格森哲学思想是非常崇尚的。他认为，实用主义哲学在当时的中国已经深入人心了，成为思想领域、教育领域的主导思潮，而国内学界对柏格森哲学的探讨却刚刚起步，这实属一大缺憾，应更多地投入柏格森学说的研究和传播中去。在李石岑看来，杜威和罗素的学说各有所长但都不能尽如人意，"杜威太偏于功利，不免把人生说得太无意义了，罗素太偏于图式化，不免把人生说得太无价值了"，而柏格森的学说超越了这两种偏颇之论，"我比较赞成且加上佩服的，便是法国柏格森的哲学"。李石岑在柏格森生命哲学的基础上提出人生哲学理论，对人生的价值、态度、理想、归宿等一系列根本问题进行了系统阐释。后人有诗云："人生哲学李石岑，当年信仰柏格森。万有生命何以在？只缘自我生命存。"到后来，李石岑发现生命哲学也并非救国救民的良方，便于1928年前往欧洲考察西方哲学思潮。在对各种哲学流派的观点进行比较研究之后，他的思想观念发生了深刻转变，开始倾向于唯物论特别是辩证唯物论。李石岑悉心研读了马克思主义经典作家的大量著作，对他们深刻阐发的理论观点大加赞赏，认为"亚里士多德发现了十个范畴，康德发现了十二个范畴，却抵不过马克思、恩格斯一个范畴有力量"。这里所讲的"一个范畴"，指的就是马克思主义的生产力范畴。李石岑认为，只有马克思主义真正达到了对真理的深刻洞悉与透彻把握，新唯物论（辩证唯物论）"在现在和最近的将来将有一个光华灿烂的发展"。

20世纪20年代，国内学界发生的一场"科玄论战"对于深化柏格森思想研究起到了催化剂作用。"科玄论战"又称"科学与人生观论战"，是中国思想文化领域科学派与玄学派两方学者之间的一次思想大碰撞。此次论战缘起张君劢1923年2月在清华大学所作题为《人生观》的演讲，张君劢提出科学与人生观存在本质上的区别，解决人生观问题不能求助于科学只能依靠玄学。两个月后，著名地质学家、北京大学教授丁文江率先撰文反驳张君劢的观点，他在《玄学与科学——评张君劢的〈人生观〉》一文中，从八个方面展开尖锐批判，指出张君劢的观点"一部分是从玄学大家柏格森化出来的"，将其斥为"中外合璧式的玄学"。之后，张君劢又撰文《再论人生观与科学并答丁在君》，对丁文江的指责作出回应。当时的许多知名学者如胡适、梁漱溟、林宰平、张东荪、王平陵、唐钺、朱经农、王星拱、吴稚晖等人也纷纷卷入论战中。虽然这场论战的结局是科学派占据了上风，但在双方激烈争辩之下，柏格森的生命哲学思想得到了更为广泛的传播和更加深入的阐发。

应当说，对于当时中国的先进知识分子而言，柏格森尊重生命、尊重自由、尊重创造的思想给予了他们莫大的激励。不仅如此，柏格森关于文学艺术的许多精辟见解对中国现代文艺的创作也产生了深远的影响。正如郭沫若在《三叶集》中所言，"《创化论》我早已读完了。我看柏格森的思想，很有些是从歌德脱胎来的。凡为艺术家的人，我看最容易倾向到他那'生之哲学'方面去"。

到了20世纪40年代，在国内学界曾一度兴起的"柏格森热"日益沉寂下来，研究柏格森思想的专著在之后的数十年间也寥寥无几，只是零零星星地有一些研究论文散见于报纸杂志上。

　　令人费解的是，柏格森的学说在东西方思想界遭遇了同样境况：他在世之时声名如日中天，鲜有哲人敢撄其锋；在其身后却备受冷落，近乎到了无人问津的地步。这也许是因为柏格森对直觉、时间等问题的考察远未达到所谓精确的程度，抑或是由于他过于抬高直觉的地位，从而否定了理性的作用。但柏格森执着追寻生命的本质和真谛，指引人们在静谧冥想中感知绵延，也使现代哲学重新发现了内在生命的价值。在以柏拉图、亚里士多德、笛卡儿、斯宾诺莎、康德、黑格尔等大哲为里程碑的西方哲学史中，柏格森始终占据重要席位，堪称一座不朽的丰碑。

附　录

年　谱

1859 年　10 月 18 日出生在法国巴黎。其父是波兰一个犹太家族的后裔，其母出身于英格兰北部的一个犹太家庭。

1863 年　随父母迁居瑞士日内瓦，家住"哲学家大道"。其父在日内瓦音乐学院任教。

1866 年　随父母回到巴黎。

1868 年　获波拿巴皇家中学（后改名孔多塞中学）奖学金，到学校过上寄宿生活。

1875 年　在法国全国中学生竞赛中，获拉丁文演说第一名，英语第一名，地理和宇宙志第二名，希腊语的笔译也得了奖。

1876 年　在全国中学生分科竞赛哲学科考试中，获法语作文第一名，数学第一名。

1877 年　在全国竞赛中获得基础数学、宇宙志和力学三科的第一名。应征解答了一道数学难题。

1878 年　去年解题时撰写的数学论文在《数学年报》上全文发表。以并列第三的优异成绩考入巴黎高师。

1881 年　从巴黎高师毕业，获得文科硕士学位，同时以第二名的成绩通过了教师资格考试，获"哲学合格教师"证书。毕业后来到安杰国立中学任教。

1882 年　转到安杰女子高级中学任教。

1883 年　翻译了著名心理学家萨利的著作《错觉——心理学研究》，译著名为《感觉与精神的错觉》，由阿尔冈书店匿名出版。到克雷蒙·费朗大学发表题为《笑》的演讲。转入克雷蒙·费朗高级中学执教。

1884 年　德拉格拉夫书店将其研究《物性论》的成果与原著结集出版，书名为《卢克莱修文选释义》。

1885 年　在克雷蒙·费朗高级中学举行的颁奖典礼上以《谈礼貌》为题发表演讲。

1886 年　荣获教育功劳勋章。

1888 年　完成第一部哲学专著《论意识的直接材料》。回到巴黎后，先在洛林中学任教，不久转入亨利四世国立中学。

1889 年　以《论意识的直接材料》为主论文，另外加上用拉丁文写成的副论文《亚里士多德的场所论》，提交巴黎大学申请博士学位。论文答辩通过，获哲学博士学位。

1891 年　与路易斯·尼比尔姬结婚。

1892 年　女儿出生。

1894 年　向巴黎大学申请教席，遭到了拒绝。

1895 年　发表题为《理智与教育》的演讲。

1896 年　出版《物质与记忆》。

1898 年　再次向巴黎大学申请教席，又遭拒绝。应巴黎高等师范学校聘请担任讲师。

1900 年　出版《笑》。任法兰西学院教授，主持希腊哲学讲座。在第一届国际哲学大会上宣读论文《关于我们对因果关系法则的信念的心理学来源》。

1901 年　在国际心理学会大会上发表题为《梦》的演讲。

1903 年　在《形而上学与道德评论》上发表《形而上学导言》。

1904 年　在第二届国际哲学大会上宣读论文《心身平行论》。

1907 年　出版《创造进化论》。

1908 年　与詹姆斯在英国伦敦首次会面。

1911 年　詹姆斯的《实用主义》译为法文，为之作了题为《真理与实在》的长篇序言。在第四届国际哲学大会上宣读论文《哲学的直观》。赴英国讲学，在牛津大学发表题为《变化的知觉》的演讲，接受了牛津大学授予的理学博士荣誉学位；在伯明翰大学赫胥黎纪念会上发表了题为《生命与意识》的演讲。受伦敦大学的邀请再次到英国讲学，发表题为《灵魂的性质》的演讲。

1913 年　应美国哥伦比亚大学之邀到美国讲学，发表了两场演讲，题目是《认识论素描》和《精神性与自由》，分别使用了英语和法语。第三次赴英国，担任大不列颠心灵学会会长，并在学会上发表了题为《生者的幽灵与心灵之研究》的演讲。

1914 年　当选道德与政治科学院主席。应英国苏格兰各大学邀请赴英国讲学，一共安排了春秋两季一系列讲演（吉福德纪念讲演），春季十一讲，在爱丁堡大学举行，总题目是《人格问题》。秋季讲演活动因第一次世界大战爆发而取消。其著作被罗马天主教宗教法庭列入禁书。

1915 年　参加"法兰西科学"丛书的写作，负责撰写哲学部分。

1916 年　受法国政府派遣出使西班牙，促成西班牙参战援法。

1917 年　受法国政府派遣出使美国，说服美国放弃中立态度，加入反对同盟国的阵营中。

1918 年　当选法兰西科学院院士。再度出使美国，促使美国加派兵力，加速战争进程。

1919 年　出版论文集《精神的力量》。

1920 年　再次赴英国，剑桥大学授予其文学博士荣誉学位。

1921 年　接受张君劢与林宰平的访谈。

1922 年　出版《绵延与同时性》。任国际联盟知识分子合作委员会第一任主席。

1925 年　患病全身瘫痪。辞去国际联盟知识分子合作委员会主席等职务。

1928 年　获前一年度的诺贝尔文学奖。因病无法前往，委托法国驻瑞典公
　　　　使代为领奖并代读答谢辞。

1932 年　出版《道德和宗教的两个来源》。

1934 年　出版论文集《思想和运动》。

1941 年　1 月 4 日病逝。

主要著作

　　1.《论意识的直接材料》（英译本名为《时间与自由意志》），1889 年
出版。

　　2.《物质与记忆》，1896 年出版。

　　3.《笑》，1900 年出版。

　　4.《形而上学导言》，1903 年发表。

　　5.《创造进化论》，1907 年出版。

　　6.《精神的力量》，1919 年出版。

　　7.《绵延与同时性》，1922 年出版。

　　8.《道德和宗教的两个来源》，1932 年出版。

　　9.《思想和运动》，1934 年出版。